点亮生命的智慧
把握精彩的人生
让幸福的馨香
浸润每一位读者的心灵……

本书通过 89 篇寓意深刻的原创经典励志美文和睿智的忠告，为读者诠释了勇气、智慧、爱情、亲情的人生内涵，从而使每一位读者在轻松的阅读中，获得心灵的抚慰和热情生活的动力。

读懂人生悟透爱

矫友田 著

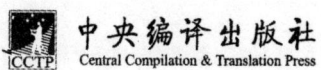

图书在版编目（CIP）数据

读懂人生悟透爱 / 矫友田著.
-- 北京：中央编译出版社，2013.7
ISBN 978-7-5117-1507-4

Ⅰ．①读… Ⅱ．①矫… Ⅲ．①人生哲学—通俗读物
Ⅳ．① B821-49

中国版本图书馆 CIP 数据核字（2012）第 220730 号

读懂人生悟透爱

出 版 人	刘明清
出版统筹	谭　洁
责任编辑	邓永标
责任印制	尹　珺
出版发行	中央编译出版社
地　　址	北京西城区车公庄大街乙 5 号鸿儒大厦 B 座（100044）
电　　话	（010）52612345（总编室）　（010）52612371（编辑部）
	（010）66161011（团购部）　（010）52612332（网络销售部）
	（010）66130345（发行部）　（010）66509618（读者服务部）
网　　址	www.cctphome.com
经　　销	全国新华书店
印　　刷	北京紫瑞利印刷有限公司
开　　本	880×1230 毫米　1/32
字　　数	241 千字
印　　张	10.25
版　　次	2013 年 7 月第 1 版第 1 次
定　　价	68.00 元

本社常年法律顾问：北京市吴栾赵阎律师事务所律师　闫军　梁勤
凡有印刷质量问题，本社负责调换。电话：（010）66509618

ZZTJ　　幸福就在你身边（编者推荐）

PART 1　活出生命的风采

003	1. 掌握自己的命运
005	2. 营造一方纯净的心境
008	3. 穿透严冬的微笑
012	4. 活着是一种责任
015	5. 为人生留下一路豪气
020	6. 跨越人生的障碍
023	7. 割断那一根恐惧的藤
026	8. 迎接生命的潮水
029	9. 每张笑脸都是一个太阳
031	10. 奇迹是自信绽放的花朵
035	11. 游出死海的勇气
037	12. 假如上帝只给你一条路
040	13. 做一棵勇敢的树
044	14. 驾驭好人生的航向

047	15. 像山蚁一样坚韧
051	16. 多明戈的成功之路
055	17. 在痛苦中酝酿的甘甜
057	18. 人生不需要"假如"
060	19. 自信而坚强的蒲草
064	20. 生活是最美好的事情
067	21. 生命里的壮观风景
069	22. 绝境中的勇气
072	23. 你是奇迹的缔造者
075	24. 再坚持一点
078	25. 拥有阳光最幸福
081	26. 迎接生活中的每一个死球

PART 2　爱情是如此美丽

087	27. 当爱成为一种习惯
093	28. 幸福像花儿一样芬芳
097	29. 悬在空中的爱，永无止境
104	30. 真爱是从华丽到朴实的转变
107	31. 浪漫是一种平凡中的升华
112	32. 灿烂在心灵深处的荷
117	33. 奇迹在爱的召唤下降临
120	34. 真爱需要一颗宽容的心
125	35. 给爱一个回头的机会
128	36. 写在青花缠枝盘上的爱
132	37. 一根刻骨铭心的绒线
135	38. 幸福，是一种微笑
138	39. 美丽的爱情需要滋养

141	40. 一尊永远的爱情佛
144	41. 在爱的花园里栽下一株沙枣
148	42. 红钩钩，蓝钩钩
153	43. 背你走过人生的磨难

PART 3 握住成功的密码

161	44. 把握人生的每一个机遇
164	45. 为心灵找一间宁静的房子
167	46. 拥有一座快乐的玫瑰园
170	47. 浸润心灵的芳香
172	48. 给生命留下一把备用的钥匙
175	49. 哭是一天，笑也是一天
179	50. 别让自己跌入自私的陷阱
182	51. 让生命泛出爱的绿意
186	52. 人生的指南针
188	53. 洒下一路纯净的笑声
191	54. 每天给自己一份奖励
194	55. 诚信是一种财富
197	56. 剪掉心头的死结
199	57. 安逸是一个无情的陷阱
202	58. 舍弃不必要的虚荣
206	59. 幸福就在你的身边
209	60. 做一个对自己负责的人
212	61. 大悟自在心静中
215	62. 成功需要有一双敏锐的眼睛
218	63. 飞镖手的教训
221	64. 分享是一枝最美的玫瑰

224	65. 做好自己生命的检修员
227	66. 远离内心的孤独
230	67. 捡起你的尊严
233	68. 心怀拥抱海洋的志向
236	69. 幸福的源泉
239	70. 让梦想像火车一样飞驰
242	71. 自信是一道美丽的风景
244	72. 一念与一生
247	73. 每一个生命都有自己的价值
249	74. 上帝的陷阱
251	75. 活出自己生命的价值
254	76. 美丽的风景在于发现
257	77. 涩涩的清香是快乐

PART 4　温暖一生的亲情

263	78. 牵一牵母亲的手
266	79. 跳跃在阳光下的慈心
269	80. 伸入灵魂的路
274	81. 温暖一生的疤痕
278	82. 浸满泪水的蜂巢
282	83. 那一种深入骨髓的爱
287	84. 有一种爱叫神圣
289	85. 母爱是世上最美的礼物
294	86. 母亲的泪，慈爱的心
297	87. 别让你心中的爱打折
301	88. 山楂果儿里的母爱
306	89. 父爱的广阔天空

编者推荐

幸福就在你身边

人活着,是一件幸福而又艰辛的事情。因为上苍在赐予一个人生命的同时,也交付给人们许多沉重的责任。

一个人,除去天真的童年和垂暮的老年,在一生中大多数的时间里,都在为家庭和事业不停地奔波。生活的内容,对于大多数人来说并不轻松。

那么,幸福的源泉潜藏在哪里呢?

其实,幸福就源于你乐观、淡定的心态。

人生,是五彩缤纷、千变万化的。每一个闪亮的生命,在发光之前,大都曾经历过寂寞和痛苦的煎熬。

在每个转折点,成功之门都仿佛砰然而闭了。但你只要相信自己所具有的能力,它足以使你应对所有降临到面前的问题。天无绝人之路,这扇门关闭了,就会有另一扇门为你打开。

成功和幸福,宛如水晶一样。它们会以一种不易被人觉察的方式,埋藏在你的身边。如果你一直让自己的心灵幽闭着,不愿去做一些全新的尝试和努力,就会错失掉很多成功的机会。幸福,便会渐渐地离你远去。

因此,你应该打开自己的心扉,让心灵不断地注入新鲜的活力。只有这样,你才能收获到幸福。

幸福，还源于你付出的爱心和对爱的把握。

世界上一切美好的事物，往往都是来自于它们的真挚。在这个社会上，一个人不能总是对别人索取，还应该懂得付出。只有付出真诚的爱心，才会使你的生活变得更加有意义。

爱，对于这个世界来说，就像生命不可缺失空气、阳光和水分一样。爱，是一笔最为宝贵的资源。当你拥有这笔资源的时候，人生将变得丰满和幸福起来。

那么就从现在起，努力为自己培养一颗善爱的心吧！爱亲人、爱朋友、爱自然、爱生命……

你在付出爱心的同时，也一定会被爱感动。

被爱感动，原本就是一种幸福。当这份温情轻轻地降落到你身上的时候，请你一定好好地把握。然后，再把这份爱推广到爱你的和你所爱的人身上。这样，生活就会因为又增添了一些温馨祥和的情愫而变得愈加美好。

我相信，这本集子的主题是温馨而睿智的。或许，当你翻开第一页的时候，就已经感觉到了它积极向上的力量。

在人生多雨的季节，书中的文字犹如一杯杯慰藉心灵的香茗。当它的清香开始静静地浸润你的心田和肺腑的每一个角落时，你的心灵会变得豁达而慧智，你的脚步会变得坚实而有力。

你一定会坚信："幸福就在你身边！"

编者
2013 年 6 月

第一辑 活出生命的风采

在生活中,面对陡然降临的厄运,你可能一时会被击懵,但决不能对生活失去信心。你应该学会仰望,斩断脚下的葛藤和荆棘,把所有伤痛化为力量。只要懂得仰望,前方属于你的,仍会是一片广阔的天空。

1. 掌握自己的命运

一位老教授和他的两个得意弟子,欲进入S溶洞考察。S溶洞在当地人的眼里,是一个神秘的"魔洞"。一年四季,洞口周围总是雾气沼沼的。曾经也有胆大的乡人进去过,但都是一去不复返。

在进洞的那一天,数百名群众赶来为他们摆酒饯行,场面颇有些悲壮。他们带上充足的食品和水,当然还有一些必备的探险工具。走进漆黑的溶洞,他们借助手电筒的光线,一边前行,一边采集一些岩石作为以后研究的标本。

当随身携带的计时器显示,他们已经在漆黑的溶洞里走过了14个小时零32分钟的时候,仨人的眼睛陡然一亮,只见一个足有半个足球场大小的水晶岩洞呈现在他们的面前。他们无比兴奋,甚至有些疯狂地奔了过去,

滴水藏海

人生不就是一次最有意义的探险吗?也许当你为了追寻一个目标,而艰苦跋涉的时候,陡然间会迷失方向,甚至陷入孤立无援的窘境。生活往往就是这样奇怪,它在馈送给你蜜饯的同时,又悄悄在你的面前布下了一个个"魔洞",以此来考验你的执着与勇气。

尽情欣赏和抚摸着那些光泽迷人的水晶岩壁。

待激动的心情平静下来之后,其中那个负责刻划路标的学生忽然惊叫起来:"老师!刚才我忘记刻箭头了!"

他们再仔细寻找时,发现四周竟有上千个大小各异的洞口。那些洞口就像迷宫一样,洞洞相连,令人辨不清方向。他们寻找了很久,却始终没能找到退路。

这时候,老教授的那两个弟子都跌坐在地上,失望地对他说:"不行了,这么多的洞口,我们就是再转上半年也转不出去啊!"

老教授在洞口前默默地搜寻着,他忽然惊喜地喊道:"你们快看,在这儿有一个标志!"

他的那两个学生听见了,嚯地从地上弹了起来。

果然,在一个洞口旁隐隐地能辨认出,有一个用石灰石画的箭头。他们认为这一定是"前人"留下来指路的,便决定顺着箭头所指的方向走下去。

老教授一直镇静地走在他俩的前

一个意志坚强和积极向上的人,在人生道路上无论遭遇多大的磨难和挫折,都能够坦然地接受。失败和成功一样,都是你生命中不可缺少的插曲。关键是你应该学会思考和明辨,从而使自己不在同一个地方跌倒。

因此,从现在开始,你就应该学会努力将自己失意或不幸的遭遇,转化为有创意的生活体验。相信自己的能力,凭借自己信仰的力量,加之行动,你完全有可能在最坏的环境里,创造出令人振奋的成就。自始至终,你都要把勇气、自信和欢笑留在内心。

头。每经过一个洞口时,他的两个弟子就会忙着寻找"前人"留下的那个路标。然而,每一次都是由老教授第一个发现的。

终于,他们的眼睛被强烈的太阳光刺疼了,这也意味着他们已经成功地走出了"魔洞"。那两个弟子竟像孩子似地躺在洞口旁,掩面哭泣起来,而后激动地对老教授说:"如果没有那位'前人'指路,我们也许永远走不出'魔洞'了。"

而此时,老教授却拭了拭眼角,缓缓地从衣兜里掏出一块被磨去半截的石灰石,递到他俩的面前,而后意味深长地说:"在没有退路可言的时候,我们唯有相信自己。"

> 苦难,是上苍赐予你的,一张用来考验你的意志的试卷。成功者面对这份答卷,书写出的答案是:善待苦难,忍受苦难,超越苦难。而失败者则是因为丧失斗志,甘愿沦为苦难的奴隶。

> 因此,面对人生路上的"魔洞",你不能怨天尤人、自暴自弃,唯有在心头划燃一根"火柴",点亮人生的希望,并义无返顾地走下去,才有机会获得成功!

2. 营造一方纯净的心境

我因为要创作一部关于民间艺术的作品,便通过朋友的引见,认识了

滴水藏海

在生活中，每个人都可以用不同的方式，为自己营造一方纯净的心境。纯净的心境，是你心灵的避风港。它能够点醒你，使你不会被过分的欲望折磨得神形憔悴；它能够激励你，使你坦然面对人生的厄运；它能够使你抛却疲惫和烦恼，并且使你的内心迸发出快乐的力量和崭新的勇气。因此，不管眼前的情形如何，只要你始终坚持着自己的意志，忍耐着一时的痛苦，那你就具备了成功的关键因素。

酷爱民间老物件的他。他真正的身份，是一位身价数百万的民营企业家。在繁忙的业务之余，他把自己所有的精力都放在收藏那些民间的老物件上面。

随他走进那个宽大的收藏室，一件件五花八门的老物件令人目不暇接：犁、耧、石碾、斗、升、货郎担、婆婆椅、蓑衣……那些在民间都几乎绝迹的老物件，却生动地展现在我的面前。那一刻，我仿佛置身在那些古朴的岁月中。每一件老物件，都好像在默默地对我讲述着一段沧桑的往事。

此时，他从我惊讶的表情上，已经猜测到了我内心的疑问。于是，他认真地说道："这些老物件自身值不了几个钱，也没有多大升值的空间。你一定会感到很奇怪，我为什么要收藏它们呢？"

我笑着点了点头。

他对我解释说："我收藏它们，其实就是为了收藏一段时光和一种心境。每当我身心疲惫的时候，便会走进来,默默地与这些老物件进行心灵的交流。我就会发现,原来生命可以这样单纯和朴实,所有事业的压力和人际的烦恼都会烟消云散。我的心境就会变得像那些老物件一样纯净,心中充满快乐的力量。"

哦,原来纯净的心境会给人们带来一种快乐的力量。当我的心境与那些老物件渐渐融合在一起的时候,我的感觉不也是跟他所说的一样吗?

去年冬天的时候,一位我非常敬重的长者,因为突发中风,瘫痪在床上。在此之前,年逾八旬的他,已经创作出版了数百万字的作品。这场病很严重,他只有一只左臂能够勉强活动,说话吐字都非常吃力。

有一次,我去探望他,却见他举着左臂在床头上那个由家人为其特制的木架上写字。他就像一位在画板前专心致志作画的画家。他以前都是用右手写字,因此那些字迹看上去歪歪扭扭的。他所写的内容,也不再是先前那些神采飞扬的历史小说,而是一些生活中的杂感琐忆。

> 一位哲人曾经这样说过:"在生活中,再也没有像受苦时那样有机缘去丰富自己的灵魂了。"

而事实上,痛苦的根源,往往是来自于你内心对痛苦的恐惧。因此,如果你想在人生的道路上获取成功,那就必须忍受眼前的痛苦。你必须将自己的目光放得长远一些,熬过眼前暂时的困难与恐惧。

他微笑着招呼我坐下,并用文字跟我交流。他的内心非常清楚,他写这些文字已经不再是为了发表。他是通过这种方式来排解精神和肉体的痛苦,从而拥有一方纯净的心境。

纯净的心境,使他能够坦然面对生活中所遭遇的不幸。他甚至跟我开玩笑说,命运对他已经十分厚爱了,因为还为他留下了一只会活动的左臂用来写字。

我对这位乐观的长者充满了敬意。

3. 穿透严冬的微笑

滴水藏海

人生的道路,从来就不会是一条风和日丽的坦途。每个人都会遭遇到一定的困境,一个人在一生中从来没有遭遇过困境是不现实的。

因为在外打工受骗,他怀着一颗极其失落的心返回了家乡。回来之后,他才知道,与其相恋两年之久的女友,已跟别人订下了亲事。在这一连串的打击之下,他的心情变得异常空虚和消沉,感觉自己是这个世上最最不幸的人了。他开始后悔,自己当初为什么不接受那些朋友们的劝告,执意外出打工。

那是个晴朗的早晨，小镇街道上融化的雪水经过一夜寒流的肆虐，已变成了一个硕大的溜冰场。下车之后，他小心翼翼地行走在街道上，生怕一不小心滑倒在地。恰好，那天小镇逢集，寒气仍阻挡不住人们迎接春节的热情，到小镇上赶集的人络绎不绝。

他到小镇上来，是为了找一位关系密切的朋友。当然，他心里抱着两个目的：一是把自己在外面打工所遭受的委屈，找个知己倾诉一下；二是托他在小镇的工厂里为自己找一份工作。

然而，当他走到一个路口时，蓦然发现了这样一幕情景：有一个人从路口的对面，朝他"走"了过来。那个人看上去已有 60 多岁，竟然没有双腿。他是坐在一块安装着几个小滑轮的木板上，两只手各拿着一根木棍撑着向前行进。他的后背上还背着一个陈旧的包裹和一把胡琴。

老人从他的面前一滑而过，欲登上人行道。他先把两根木棍插在衣兜里，然后两只手费力地提起小木板的

> 当你身陷困境，恐惧和忧虑的念头在你的心头发作时，你不应该纵容它们肆意在你的心里蔓延。你必须选择用一种向上的姿态来迎接厄运的挑战，像那位双腿残疾，却勇敢面对生活的老人一样。

前端,身子往前一倾。可能是因为马路牙子结冰太滑的缘故,老人努力了几次都失败了。

于是,他走上前去,朝那个残疾老人伸过手去,拉住了他那只粗糙的大手。老人感激地朝他笑了笑,而后神色坦然地说:"谢谢你,小伙子!"刹那间,他被老人脸上那自信、坦然的笑容给打动了,便好奇地问:"老伯,天气这样冷,你打算去哪儿呢?"

老人笑着回答说:"在这样一个好天气里,我哪敢偷懒呢?为了一家人的生活,我必须出来忙碌哦。"老人在说这些话的时候,下意识地挺了挺胸膛。

老人的话语是那么的坚实而自信,他不由得肃然起敬,感觉面对着的仿佛不是一个双腿皆无的残疾人。此时,老人又重新拿出那两根已被手掌磨得光溜溜的木棍,继续撑着往前"走"去……

他呆立在那儿,用湿润的目光注视着老人一点点地从视线中消失。顿时,他为自己先前的消沉而感到羞愧,原来自己是多么怯懦!

你应该学会自我激励,别人越是小看你,你越要发奋图强,坚信自己的才能和智慧。这种自我激励的力量,会使你在生活中培养起积极向上的动力。你身上曾经沾染的不良习惯,就会因此而逐渐消失,你的人生也会逐渐变得丰厚起来!

那个残疾老人在失去双腿之后，仍能够快乐自信地生活着，而像他这样一个身体健全的人，竟因为受到了一点点微不足道的打击，就变得如此萎靡不振，这是多么的可笑呀！因此，他打消了去找那位朋友的念头。

从小镇上回来之后，他心头的忧郁和伤痛早已被那一抹笑容给融化了。此刻，他才知道自己是何等的富有！他又重新找回了从前那个快乐自信的自己。

过完春节，父亲问起他今年的打算。他告诉父亲自己还是准备到南方去"闯一闯"，因为那座城市给他留下了太多的遗憾，他会在后面的道路上尽力去弥补。父亲没有阻拦他，只是想尽办法为儿子凑足了出行打工的路费。

这一次比较顺利，他找到了一家比较正规的公司。虽然工作又脏又累，可他不怕，因为他年轻，有的是力气。后来，由于他工作表现出色，公司上层领导破格将他提升为一个部门的主管……

他知道生活对于自己来说，无论

是过去所走过的那段打工历程，还是现在与将来，都不会是一条风和日丽的坦途。每时每刻，都可能会有一些烦恼和挫折来纠缠着自己，但他绝不会再像从前那样怯懦。因为，即使在最寒冷的冬天里，也会有那一抹坚毅而自信的微笑与他相依相伴！

4. 活着是一种责任

第一次为"自杀"这两个字陷入深思，是因为一个曾与我关系较为熟悉的同学，非常意外地走上自杀这条极端的路。她是一个长相十分文静的女孩，大学毕业之后，应聘进入一家外资企业工作。因为工作表现出色，她后来被提升为财务主管。

就在这段日子里，她患上了一种奇怪的头疼症。每天，她都被病痛折磨得精神恍惚，后来不得不住院治疗。两个月之后，当她出院时，却发现自己的工作被另一位同事替代了。另外，

> **滴水藏海**
> 一个人，必须随时准备好忍受命运所带来的不幸。否则，就永远不敢去希望，去爱。生活时不时地会对一个人残酷，甚至许多不幸会接踵而来，譬如疾病的折磨、事业的挫折、亲人的离世、婚姻的失败等等。

与她相恋的男友因为户口在异地等原因，遭到她父母的极力反对。

那个下午，她的情绪一定是痛苦到了极点。于是，她趁父母在外工作之际，竟偷偷喝下了一瓶毒剂。当药力发作之后，她突然感到后悔了，便颤抖着拨通了父母公司的电话。随后，她痛苦地往室外爬去。虽然她的父母紧急赶了回来，在邻居的帮助下，将她送入医院抢救。结果还是没能挽回她的生命。

刚得知她去世的消息时，我久久不愿相信。在这个世上，还有什么比面对死亡更大的勇气呢？一个人既然连死亡都不畏惧，生活中的那一点坎坷和磨难又算得了什么？

我有一位远方表叔，曾听他讲过这样一件事情：他在年轻当兵的时候，曾参加过唐山大地震的抢险工作。

1976年7月28日凌晨，唐山24万多父老兄弟姐妹在大地震中罹难。表叔所在的部队于当天下午渡过滦河，紧急抵达古冶火车站，参加抢险救灾工作。

然而，你此时更应该懂得，一个人活着，不仅仅是为了自己，肩上还有许多不可推卸的责任，谁也无权剥夺自己的生命！

当时,整个灾区被一片恐怖、惊慌和悲痛欲绝的气氛笼罩着。到处都是一派残壁断垣、尸体横陈的悲惨景象。由于铁路线中断,古冶火车站里有几车皮西瓜尚未运出。又饥又渴的当地居民,在得知这个消息后,纷纷涌入火车站,拿西瓜充饥解渴。

当时,有一位中年男子,抱着三个西瓜。他将其中两个放入车筐里,把剩下那个用拳头砸开,而后用血肉模糊的手指抠西瓜瓤吃。在他自行车的后驮架上,用被子裹着一具尸体,鲜血仍在往下滴着。

表叔和另外几位战士,强忍住悲痛,走上前去问:"被子里裹着谁呢?"

那男子答:"是我的妻子,准备找一个地方埋掉。"

表叔继续问他:"你的家里损失大吗,需要我们帮忙吗?"

他强忍着悲痛,始终不让眼泪流出眼眶:"父母和妻子都被砸死了,留下我和两个孩子。这两个西瓜是带回去给他们吃的。比我们惨的人家还有。死的已经死了,活着的就要好好活下

> 面对所有的痛苦和不幸,唯有学会坚强,勇敢地面对不幸,像那个经历过莫大悲痛的灾区男子说的那样——"好好活下去!"

去。你们快去那片家属院看一看,说不定还有活着的。"

一眨眼,我听表叔讲述这件事情已经过去20多年了,但那个灾区男子最后所说的话,至今仍时常回响在我的耳畔。

5. 为人生留下一路豪气

2007年元旦前的一天,他兴奋地参加了朋友特意为他举行的一次宴会。他是一名非常出色的摩托车手。尽管他只有29岁,但他已经有10多年的比赛经验。他最大的愿望就是能够参加达喀尔拉力赛,因为那是一项极具挑战性,且真正显示车手技术和勇气的比赛。

期间,他经过不懈的努力,终于获得了参加2007年第29届达喀尔拉力赛的资格。这次宴会,其实就是朋友们提前为他饯行。在车队临近出发的时候,他接受了一些媒体记者的采

消极的心态和行为,会把你引向失败;积极的心态和行为,则能使你获得成功和幸福。你只有战胜自己,才能够超越自己。

访。有些记者问了他这样一个问题："达喀尔拉力赛,是一项非常凶险的比赛。在以前的比赛里,已经有40多人因为意外事故死亡,而你作为一名第一次参赛的车手,心中是否会有些恐惧呢?"

他却坦然地笑道:"我始终能够为自己获得这次参赛的机会,而感到荣幸和激动,为什么要恐惧呢?即使我在比赛中身遭不测,我的生命也不会留下遗憾,因为我从来没有放弃过!"

结果,一语成谶,他在达喀尔拉力赛的第4赛程中,意外从驾驶的摩托车上摔下来。随后,他被直升机紧急送往埃拉西地亚抢救,但不幸在抵达埃拉西地亚机场后去世。他成为达喀尔拉力赛上,因事故死亡的第48人。他用生命的鲜血,将自己的名字永远写在了那段艰险的赛程上,他就是来自南非的摩托车手西蒙·埃尔默。

已经连续4届代表中国参加该项赛事的老将卢宁军,对达喀尔拉力赛有着刻骨铭心的感受:"活着就得往前走,停下来就等于死亡。"

今天,你要以最大的勇气去攀爬今天的山峰;明天你要爬得比今天更高;而后天,你就要攀爬比前一天还要高的山峰。只有这样,你的生活才会拥有越来越壮观的风景。

是的,在异常艰险的赛程上,只有放下所有的恐惧,勇敢前行,才会到达成功的终点。而停下来,只能意味着失败。

其实,生活中的每一个人都是一名特殊的车手,都在各自不同的人生赛程上,从一个目标跋涉到另一个目标。人生的赛程,同样凶险莫测,有时候风和日丽,有时候尘沙蔽日,有时候则沟壑纵横……

1998年7月16日,那是一个很普通的日子。然而,对于我来说,就是在那一天,一位与我只有一面之缘的中年男子,彻底改变了我的人生选择。

那时候,我是在一家外资企业工作,当时的公司实行三班制。我当时写稿的月收入只有数百元,却产生了辞去工作、专职写稿的想法。可是,家庭的负担又使我不敢轻易放弃那一份薪水还算不错的工作。为此,我一直犹豫不决。

7月16日,我下了中班,便顶着炎炎烈日回家。在经过社区东面那条

> 在挫折面前,你的心中应该多一份淡定。只有当你拥有了笑对人生的勇气,在曲曲折折的人生道路上,你才会始终坚信自己有美好的前景。

宽阔的公路时，我遇到一个中年男子。当时，他正坐在公路旁的树荫下歇息。他的身形有些枯瘦，肤色黝黑。他自行车的后座上载着一个行李包，而且后座上还插着一面红色的小旗。那一面小旗，随着风儿缓缓地舒展着，上面写着几个金色的字："爱我家园，万里行！"

中年男子笑着起身，并朝我走过来，他操着南方口音的普通话问我："麻烦你告诉我一下，这儿距离市内还有多远呢？"

在我告诉他之后，他仍像先前那样微笑着跟我道谢。

因为好奇，我跟他聊了起来。原来，他的老家是在广州，这是他为了宣传环保而自发的一次活动。他准备到达青岛之后，再西去济南，然后辗路赶赴北京。

我惊讶地问他："这么长的路途，都是你一个在行走，有没有感到恐惧呢？"

中年男子轻轻地笑道："恐惧什么呢？只要前方选定了目标，不停地走

记住，永远不要让自己打败自己！

下去，就不会感到恐惧了。"

临别的时候，我将身上仅带的30元钱递给了他，可是他执意不肯收下。当我说出以朋友的名义帮助他的时候，他才收下。然后，他很认真地从口袋里掏出一本笔记本，让我把名字和地址写在上面。他告诉我，笔记本上记的，都是那些曾经在路上帮助过他的热心人的名字。

一个月之后，我毅然从那家公司辞职，专职从事写作。通过自己的努力，稿费的收入不久便超过了我在先前那家公司工作时的薪水。

两年后的春天，我收到一个寄自广州的牛皮纸信封，打开之后，里面是一本散发着墨香的集子，而作者正是两年前我在下班途中遇到的那个广州男子。书中详细记录了他那次万里行的经历。原来，他并非一路风顺，在途中曾经遭遇过两次抢劫，身上所带的财物和相机，都被歹人抢了去。可是，他并没有因此停下自己的脚步，而是一路豪气地走了下去。

6. 跨越人生的障碍

滴水藏海

缺乏自信的人，常常自惭形秽，而且存有自卑心理。他们常常把自己的思想、自己的意识关进囚牢，或者不知不觉地把它抛弃了。他们对外界采取妥协的态度，喜欢看别人的脸色行事，听从别人的命令。

帕瓦洛蒂，出生在意大利摩德纳小城一个贫困的家庭里。他的父亲是一个面包师，每天都在面包房里辛苦操持。他的母亲则在一家雪茄厂里上班，收入微薄。因此，帕瓦洛蒂一家的生活非常艰难。

然而，年轻的帕瓦洛蒂却酷爱唱歌。在学校里，他总是喜欢逗同学们笑，以此赢得他们的注意和接纳。无论是在课间休息时，还是在放学以后，总有一群小伙伴围着他，观看他绕着圈子跑来跑去，或唱歌，或表演哑剧。邻居们也很喜欢他的模仿和即兴表演。

在帕瓦洛蒂12岁的时候，他郑重地向家人宣布了自己的志向："我长大了要当男高音歌唱家！"全家人都同意他去追求梦想，并达成一致，全力以赴支持他学习声乐。

最初，帕瓦洛蒂是跟一位人称波拉大师的声乐教师学习。这位老师最先发现了帕瓦洛蒂具有成为歌唱家的宝贵素质——自然而完美的高音。

尽管那位声乐老师已全部减免了帕瓦洛蒂的学费，但为了维持生计，帕瓦洛蒂在上完声乐课之后，仍要到外面去做一份兼职教师的工作，每月可以挣8美元来贴补生活。这点微薄的收入，对于整个家庭支出的费用来说真可谓杯水车薪。

> 其实，人各有所长，各有其短。看不到自己短处的人容易自傲，看不到自己长处的人就丧失了自信。

他只好托一位朋友，找了一份做保险的工作。那些年轻伙伴们的母亲，成为他推销的重点对象。没过多久，这位雄心勃勃的男高音每月就能挣到300美元的佣金。但是，这正如每个好的推销员都非常清楚的，为了做成一笔生意，要说很多很多的话，帕瓦洛蒂的声带开始受到损伤。他为了自己的梦想，毅然放弃了眼前这份对他来说收入已相当丰厚的工作。

> 在生活中，你应该相信自己，学会更多地去发现和观察自己心灵深处那一闪即逝的灵感火花。

帕瓦洛蒂第一次在舞台上扮演歌剧角色，是在意大利的小城雷吉奥艾米利亚。那时他的演出没有一文报酬，但他毫不介意,因为他需要更多的机会来磨炼自己。帕瓦洛蒂在没有赢得国际性的荣誉之前,一直没有得到意大利大型歌剧院的重视。一直到 1963 年,世界著名指挥家冯·卡拉扬才发现了这位男高音,并邀请他去维也纳演出。随后,卡拉扬把他带到米兰的斯卡拉歌剧院,他才第一次在这所著名的歌剧院里演唱。

对于眼前的成绩和丰厚的薪金,帕瓦洛蒂并不满足。为了积聚力量,使自己的歌唱事业再上一个新的台阶,帕瓦罗洛最终选择了远离那些诱惑。他独自回到摩德纳老家,重新过起那种寂寞而清苦的生活。在那段时间里,他努力发现身上的每一处不足,并尝试着用一些不同的发音方法来弥补和提高。他暗暗下定决心:"一定要创造出一个奇迹来!"

经过 5 年的潜心苦练,1970 年春天,帕瓦洛蒂重新登台。他在纽约歌剧院演出《军中女郎》一剧时,他在一首咏叹调里,竟创造出一连串爆发出 9 个高音 C 的奇迹!正是这一次巨

> 如果把你的智慧和潜能比喻成煤炭,那么自信就是燃烧的火焰。只有经过火焰的燃烧,你全身的能量才能够释放出来。

大的成功，才使他有缘结识了郝伯特·布莱斯林，并很快成为了全世界家喻户晓的人物。

1990年夏天，在罗马音乐会结束之际，有很多记者围住帕瓦洛蒂，并对他提出了一个相同的问题："是什么力量促使你，从一个穷苦的孩子蜕变成一名世界著名的男高音呢？"

帕瓦洛蒂微笑着回答道："除了音乐，再就是我年轻时所经历过的磨难。磨难，使我懂得该如何面对人生这个舞台。如果可能，我现在愿意用同等重量的金子来换取童年时的任何一件物品，因为它们才是我生命里最珍贵的记忆。"

> 一个没有经历过磨难的生命，会存在许多的缺憾。一个真正想在社会上有所作为的人，是不会惧怕磨难的。一个人若经历过磨难的洗涤，意志反而会变得更坚强，志向变得更高远。只有经历过磨难，你才会发现它们也如同金子一般珍贵。

7. 割断那一根恐惧的藤

十余年来，弘智法师从来没有停下自己的步伐。他一边游历一些名山大川，一边前往各地的寺庙为一些弟子释禅布经。

滴水藏海

恐惧是成功路上的最大敌人。不安、忧虑、嫉妒、愤怒、胆怯，这一些都是恐惧这个怪物的变相。它不仅能败坏你的胃口，使你的身体受到伤害；它还能打破你的希望，抹杀你的勇气和创造力。

恐惧，是羁绊你成功脚步的藤蔓。一个人的心灵，一旦被恐惧的藤所束缚，就会变得缺乏自信、畏缩不前和自暴自弃，结果往往是一事无成。

有一次，他应竹林寺住持觉明之邀，到寺中给弟子们布经。晚间，觉明住持陪弘智法师到寺后面的竹林散步。

月明星稀，竹林中间那一条小径洒满碎金般的月光。

因为小径很窄，他俩一前一后走在那条小径上。竹林纵深不过几十米，在尽头是一个平滑光洁的天然石盘，上面用岩石垒起一把石几和两个石凳。

俩人落座，身后几步远便是一个深达百余丈的垂崖，且两峰对峙。凉凉的山风从两峰之间穿过，发出"嗡嗡"的声响，深邃而悚人。

觉明主持坦诚地说："弟子也早有志向，仿效大师的步子走出去。可是不知为何，每当自己欲作决断之时，又会犹豫不定，因而至今仍迟迟未行。"

弘智法师笑了笑，指着刚才经过的那条小径问："你看那条洒满月光的小径，它是多么的宁静和安详。刚才，你从它上面走过的时候，你感觉到困扰和恐惧吗？"

听了之后，觉明住持摇了摇头。

弘智法师又指着身侧那两座对峙的山峰继续问："如果现在把那条小径架在两座山峰之间，上面同样洒满月光，你还会像先前一样的心态走过去吗？"

沉吟了一会儿，觉明主持又摇了摇头，如实地说："恐怕不行。"

此时，弘智法师解释道："为什么一条相同的小径，在你行走时，会出现两种不同的心态呢？那是因为你的心中多了一根恐惧的藤，心境一旦被它束缚，身下的步伐也就缺少自信和勇气了。"

听到这里，觉明住持恍然开悟。

在生活中，有些人对于一切事情，常常怀有一颗恐惧之心。因为害怕拒绝，而不敢跟别人接触；因为害怕嘲笑，而不敢跟别人沟通感情；因为害怕失去后的痛苦，所以不敢对别人付出承诺……正是因为这些恐惧的念头，令你与那些可以给自己带来成功的机缘擦肩而过。

每一项事业的成功，多少都要具备一些冒险的精神，需要克服一些恐惧，更需要战胜那种与生俱来的"怕"。

赶快摒弃你内心的恐惧吧，像抛弃其他那些对你有害的坏习惯一样。你最好选择以自信和乐观的姿态，来作为你对付恐惧的"消毒剂"。不要让恐惧的念头，深入你的内心。

因此，一个人在决定做一件事情的时候，首先应该割断心中那一根恐惧的藤，使内心注入自信和活力。只有这样，才会赢得更多成功的机会！

8. 迎接生命的潮水

有一名建筑师在一次施工中,意外地遭遇上塌方事故。虽然他有幸保住了生命,但他却失去了两条腿。从此,他只能与轮椅相伴。

当他想到自己永远无法行走,再也不能从事自己心爱的工作时,他感到非常绝望。后来,他竟趁家人不注意,偷偷吞下一整瓶镇疼药片。幸亏家人及时发现,将他送入医院进行抢救,才挽回了他的生命。然而,他始终萎靡不振。

有一天,市艺术展览馆为一位残疾画家举办画展,家人决定陪他前去参观。他对画展并没有多大兴趣,只是因为那些画是出自一位残疾人之手,他才答应去看那次画展。

在展室大厅一角,他被其中一幅水彩画给深深地打动了:画上面是一

> 滴水藏海
>
> 挫折会降临到每一个人的身上,这是一件很自然的事情。而且,你在人生的道路上,也一定会遭遇到挫折和悲伤的时候。

> 但是,谁不是这样呢?

片金色的海滩，上面搁浅着一条老船。在它那瘦骨嶙峋的筋骨上，刻满了岁月的沧桑。在那稍稍侧倾的船体下，只有一小洼清水。然而，画上面却写着一行非常有力的字迹："相信吧，潮水会回来！"

凝视着那一幅画，他感到有一股无形的力量在震撼着自己，使他的眼睛不由自主地湿润了。他忽然产生一个念头，想去拜见一下那些画的作者。随后，他从展室管理员那儿了解到作者的一点身世。

原来，这些画作都是出自一位年逾七旬的残疾老者之手。在10多年以前，那位老者就因患上"进行性运动神经疾病"，卧床不起。但是，这么多年来，他一直坚持与病魔抗争，坚持用一只稍稍灵活一点的手臂，躺在床上作画。

这名建筑师，再一次被老画家的精神给感动了。他让家人打听到那位老者的住址，并执意让家人陪他去拜访那位老者。

当他走进那位老者的家里时，老

> 如果你坚信任何逆境都可以转变，并会转化成为对你有利的条件，那么你就获得了一个可供你使用的极大的心智宝藏。

> 在生活中，你一旦觉察到恐惧、忧虑的思想欲侵入你的心灵时，必须立刻把勇敢、希望和自信放进自己的大脑里面。

画家正躺在床上,用两个枕头垫着后背,在画板上作画。见此情景,抑制不住的泪水从他的眼睛里涌出来。然而,在老者那枯瘦的面孔上,却见不到丝毫痛苦怨责的神情。老者放下画笔,热情地跟他们打招呼。在接下来的时间里,老画家在他们面前一直都是谈笑风生。

在交谈中,他坦诚地对老者说:"见到您之后,我忽然开始为自己以前的怯懦而感到羞愧。"

老画家笑了起来,而后才说:"是啊,上帝对我们是不公平的,剥夺了我们曾经健康的肌体,使我们失去许多正常人拥有的欢乐。但是,命运也是公平的,因为它仍把健康的大脑留给了我们。"

临别之时,老画家把那幅《迎接潮水》的画作,送给了他,并且肃然地说:"我们都应该有理由相信,潮水会回来,我们人生的小船将再一次起航。"

那名建筑师把老者送他的那幅画,一直挂在自己的房间里。他也时刻铭记着,老者送他的那句富含人生哲

在烦恼的时候,你只要用希望来代替失望,用勇敢来代替沮丧,用乐观来代替悲伤,用宁静来代替烦躁,用愉快来代替烦闷就够了。那样的话,烦恼在你的生活中也就无法生存了。

理的话语。后来,他设计了许多有名的建筑,成为一名十分出色的建筑师。

9. 每张笑脸都是一个太阳

我认识一位喜欢摄影的长者,他最近印刷了一本精美的小册子,里面收集的都是他拍摄的一些不同人物的笑脸。

有一次,我在跟他喝茶聊天的时候,问道:"这本册子里面收集的都是一些笑脸的照片,不会使人感觉到单调吗?"

他却微笑着反问我说:"你说,太阳单调吗?"

然后,他翻开那一本小册子,指着其中一幅男孩笑脸的照片对我说:"你看,这个小男孩笑得多幸福啊!其实,他刚刚经历了一次生死的考验。他是一名先天性的心脏病患儿,因为成功地接受了医生的手术,生命才得以延续。你看,他的笑容里面不是充

滴水藏海

乐观,是一轮太阳。它可以使你摒弃胸中所有的郁闷、哀伤、痛苦和失望,并使你的人生充满勇气和光明。无论对于正常人还是残疾人,人生的价值观其实都是一样的,那就是不断地向厄运挑战,做掌握自己命运的主人。

乐观是什么?

满了希望吗？我们每个人都应该为他祝福。"

继而，他又指着一个中年男子笑脸的照片对我说："这是一位在窑场打工的父亲，你从他笑脸上的皱纹里能感觉出他一定吃了很多苦。但是，当他说起在北大读书的女儿时，他所有的劳累瞬间都被笑容蒸发掉了。你从他欣慰的笑容中完全能够感觉到，这位平凡的父亲是多么伟大。"

……

在他拍摄的每张笑脸背后，几乎都蕴藏着一个感人的故事。我的心境，也随着那些灿烂的笑脸，变得温暖起来。

最后，他意味深长地反问我说："你不觉得每张笑脸就是一个太阳吗？"

这是一个多么形象的比喻啊！太阳，每天从东方升起，在西方落下，会使我们误认为它总是一个模样。其实，每一天的太阳都是不同的，每一天都会给我们带来一个全新的世界。也正是因为这样，生活才会无比精彩。

它是心中的阳光，它是构筑生命的力量，它是改造人生的态度。乐观是热情的源泉。乐观对于人的重要，就如同阳光对植物的重要一样。只有在乐观的阳光的照耀下，你的心理机能才能茁壮成长。

而那份乐观的心态，首先不就是从面孔上表现出来的吗？

在每张笑脸里面，都蕴含着淡定、希望和勇气，也蕴含着金子般闪光的爱意。哦，每张笑脸就是一个太阳！

在灿烂的笑容中，人生的道路将变得愈加坚实和宽广！

10. 奇迹是自信绽放的花朵

这是一个发生在南太平洋岛国基里巴斯的一个真实故事,3名普通的渔民在海上漂流了210天,他们用自己的勇气,创造了一个新的生命奇迹。

1997年8月29日,3名渔民像往常一样,驾驶着一条只有10马力的小船,到附近的海面上捕鱼。小船上没有指南针,也没有现代的通讯工具,只有少量的食品、饮用水和渔具。

他们凭借多年在海上捕鱼的经验,通过海流及天空景象的变化来辨别方向。他们一般凌晨出海,下午返航。而无边无际的太平洋,为他们提供了丰富的渔业资源。

那天到下午接近返航的时候,他们已经捕了满满一舱鱼。当他们收起渔网,准备返航的时候,马达意外地发生了故障。开始,他们认为马达不

滴水藏海

人生,有坎坷也有磨难。几乎每个人在一生中,都会遭遇到大大小小不同程度的意外不幸。

不过,这并没有什么值得大惊小怪的,更不值得悲观。上帝正是用这些挫折、痛苦和磨难来锻炼你的品格,使你变得坚强起来。

> 其实，挫折和失败并不可怕，可怕的是你因为经历了挫折和失败而变得绝望，最终放弃自己追求的目标。

> 如果你是一个聪明的人，最好的做法就是擦干自己的眼泪，勇敢地站起来，审视自己所受的挫折和失败，使挫折成为成功的台阶。从此出发，化悲痛为力量，重新投入到生活中去，这才是你的最佳人生选择。

会有大的毛病，从容不迫地修理着。然而，不知不觉几个小时过去了，3个人虽然已经汗流浃背，但马达仍然没有修好。

夜幕渐渐降临，小船开始在海面上漂流起来。此时，天色十分阴沉，周围则雾气霭霭的。他们已经判断不出自己的小船在漂向何方，更不知道漂出了多远。但有一点，他们非常清楚，最不幸的海上漂流的厄运，突然降临到了他们3个人的头上。

在漂流了3天之后，他们尽管竭力节省淡水和干粮，可最终还是用完了。原来捕的鱼也开始变质腐烂，他们不得不将舱里的鱼扔回大海。

接着又忍饥挨饿了两天，他们3个人决心相依为命，开始了一场殊死搏斗。凡是船上能够用来捕鱼的钩子和网，都要谨慎保管，因为这是他们生存下去的工具。他们将装燃料用的塑料桶清洗干净，作为储藏雨水的水桶。而那个已经出了严重故障的马达，则完全变成了一堆废铁，拖在船尾。为了减少负重，他们将马达拆了下来，扔进大海。

3个人在茫茫的大海上,漫无目的地漂流着,任凭风吹雨打。他们已经记不清在大海上漂流了多少个日子。生鱼是他们的主食,船舱里的雨水是他们的饮用水。每当感到绝望的时候,他们3个人会相互鼓励,彼此讲一些跟家人在一起生活时的情景和趣事。

那个中午,海上风和日丽。小船上的一个渔民突然发现前方有一个迷人的"白点"。他兴奋地狂叫起来,而另外两个渔民却没有看清楚。在这海天一色的洋面上,眼睛的分辨能力降低不少。于是,那两个渔民猜测是同伴眼神出了问题,那个"白点"或许是一只海鸥。

小船还是随波逐流,"白点"时隐时现,越来越大。他们终于看清楚了,前方迎来的是一条大船。他们欣喜若狂,万幸,这次是在白天。

他们慌忙脱下满是污渍的上衣,高高举过头顶,并不停地挥动着,向大船求救。正当大船快要从小船旁边

对于任何事物,都不要只往阴暗消极的方面想。若要克服困难,你必须全力朝目标前进。如果你总是抱着随时都可以放弃的心态,你就不可能拥有成功所必备的韧性与执著。因为你是生活在一个充满竞争的社会里,你必须有一种敢于承担责任和迎接挑战的勇气。

你应该知道，一切成功和胜利都是属于在各方面能够把握住自己的人。那些即使在面对机遇，仍犹豫不决的人，只能落得失败。

那么，从现在起，请你给自己树立一个坚实的目标吧！当你把这个目标当成了一个生活的习惯，然后尽心尽力、殚精竭虑地向着它奋力前行，你将无往而不胜。

驶过的时候，大船上的一位船员发现了漂流在洋面上的那叶小舟，而且小舟上有人在朝他们求救。大船立即放慢了速度，并放下救生伐，由两名船员带着救生衣，将3名渔民救上大船。

1998年4月8日，世界各地多家报纸在显著位置刊登了3名渔民在海上漂流的奇迹。他们被救起的位置，是在南太平洋法属波利尼西亚的塔希提岛东475海里的公海上。他们在海上漂流了整整210天！数日后，3名渔民回到了阔别已久的故乡。他们在海上从未掉过一滴眼泪，可是在见到亲人的一刹那，竟然失声痛哭起来。

一些记者在采访他们时问："是什么力量，让你们在苦海里坚持了210个日夜呢？"

他们平静地回答道："因为我们一直相信能够活着回来。"

11. 游出死海的勇气

那是在一个雾霭浓重的早晨,有一艘渔船不慎触上了礁石。瞬间,船舱便涌进了大量的海水,狭小的船体在迅速地下沉。面对这突如其来的威胁,那些船员们仿佛预感到,已经无法挣脱死神的枷锁了。因而,他们一个个都直竖在甲板上,死一般的安静。

这时候,船长迅速地从甲板上捡起一根缆绳,绑在了自己的手腕上。然后,他又把缆绳递到了一个船员的手中,他们依次连在了一起。他们这是按照祖辈在海上遇险之后的惯例,所做出的第一个反应。因为,此时他们心中唯一的祈愿,也就是在遇难之后能够使魂魄共归故里。

唯有二副站在一旁,吃惊地盯着他们那悲壮的举动,而后愤怒地喊道:"你们这不是在等死吗?!现在我们

滴水藏海

"如果他们能够跟着我一起游,被救起的一定不是我一个人。"在这样一句平凡的话语里面,却包涵着一个刻骨铭心的道理。人生恰似海上行船,时而会遭遇到风浪,甚至触礁的危险。当然身陷死海,且孤独无援,是任何人都不愿遇及的场面。

在困难面前，倘若你自甘埋没，对身边的一切事物都作低调处理，为了避免失败和遇挫的尴尬，故意放弃一些难得的机会，虽然从表面上看，你最大程度地保全了自己的面子，没有出怪露丑，但事实上却是在最大程度上埋没自己的才能。

因此，你在面对困难和痛苦的时候，能做的，也必须做的，那就是拼命地工作，对未来充满信心。决不可以让自己陷入悲观、绝望的漩涡中，失去信心和希望。当你熬过难关之后，另一条康庄大道必定会展现在你的面前。

一位哲人说过这样一句话："自救是摆脱厄运唯一的武器。"是的，当我们身遭痛苦与不幸时，你可以诅咒命运的不公，但决不可以放弃心中的勇气和希望。也许，我们再游出一丈，脚掌真的已踏上了坚实的海岸！

还没有死——我们还有生还的希望！也许，我们能够游到岸上去的！"

而其他的船员，包括船长在内都把他当成一个精神受到了刺激的疯子，任凭他疯狂地喊叫。

船体很快就沉没了，他们一起落入了茫茫无边的海水之中。二副奋力地游在前边，他一边游着，一边回过头来对他们说："你们跟我游吧！也许再游出一丈，我们就到达海岸了！"

不知游了多久，雾霭开始渐渐地散去了。然而，当二副再回头看时，船长和其他的船员都已经被海水吞噬了。他只能孤身努力地朝前方游去。

后来，二副终于被一艘货轮发现，并获救。当货轮上的船员询问他遇险的经过时，二副流着泪说的第一句话竟是："如果他们能够跟着我一起游，被救起的一定不是我一个人。"

12. 假如上帝只给你一条路

有一个小男孩，非常聪明好学，但他却一直体弱多病。尤其是他身体的协调能力更成问题，有些时候，他会莫名其妙地摔跤。然而，这些并没有影响到他内心对梦想的追求。他希望自己长大以后，能够进入剑桥大学读书，攻读自己酷爱的物理学。

经过不懈的努力，他在21岁的时候，以优异的成绩进入剑桥大学读研究生，攻读天体物理学。可是，就在这段时期，他身体症状的反应愈加严重。

父亲感觉有些不对劲，便带他去看了医生。经过反复检查，医生最后给他确诊，他患得是比较罕见的"肌萎缩性脊髓索硬化症"，这是一种至今无法治愈的疾病。

对于一个风华正茂、前途无量的

滴水藏海

上帝是公平的，他从某些人身上剥夺去一些东西的同时，也会赐给人们一块可以播种和收获的土地。只是有的人，在遭遇痛苦折磨的时候，总是掩面哭泣，最终也就把那一块土地给荒芜了。

有的人，则懂得探索。他们会努力寻找到一种适合那块土地生长的种子，然后播撒下去，用汗水去浇灌。于是，他们的人生就有了希望和收获。

人，大致分为两类：一类是躺着过日子，另一类是站着干工作。躺着过日子的人，自感到身体舒服安逸，可是宝贵的生命却在舒服中失去了光泽，做人的精神在安逸中被消磨掉了锐气。站着干工作的人，虽然付出了代价，可是生命却在付出中换来了辉煌。

其实，一个人成就的大小，在很大程度上取决于你的进取心和决断心。如果直到现在你还没有在这两方面做好充分准备，那么你必须从现在开始就努力培养这方面的品质。

剑桥大学研究生来说，医生的诊断无疑是一个天大的噩耗。但是，他却有一种对付病魔的心理战术。

每当他觉得上帝不公平、前途无望的时候，他就努力回忆起他在医院时遇到的一个患白血病的小男孩。那个小男孩是他在医院时的病友，后来死了。他曾经无数次在内心里大声提醒自己："至少你还活着！"

随着他对天体物理学研究的一步步深入，他的病情也越来越恶化，到了生活不能自理的地步。他先是失去了活动自己肌体的能力，接着连说话的能力也丧失了。不知道一般人在面对这些压力的时候，是否会表现得极度恐慌呢？然而，当时已身为教授的他，对此却表现得异常镇静。

他仍然觉得自己是幸运的，并对生活心存感激。因为，他认为自己从事的研究是理论性的，以思考为主，不需要做实验，所以他能够在病情恶化之后，仍继续从事自己心爱的研究工作。

他是谁呢？

他就是继爱因斯坦之后，世界上最杰出的科学家——霍金！现在，霍金是英国剑桥大学应用数学和理论物理学的终身教授，这是伟大的物理学家牛顿生前曾享受过的殊荣。他撰写的《时间简史》一书，更是风靡世界，发行量早已经超过了1000万册。

这位全身只有3个手指头能够活动的物理学家，却是世界上最聪明大脑的拥有者之一。极度病残的身体和极度聪明的大脑，为这位轮椅上的天才，增添了无数传奇的色彩。

挪威著名探险家阿门德森曾经在自传里这样写道："不管是天灾还是人祸，只要你紧紧扼住命运的咽喉，你仍然是你。任何不幸，任何灾难，任何打击对你都无可奈何。"

是的，无论你的志向是什么，通向成功的道路只能是你自己前行的道路，没有任何人能替你前行。

因而，不管你从事的是什么职业，如果你也渴望成为一个赢家，那么就必须靠你自己的努力去取得成就，通过你自己才能的发挥来实现目标。

13. 做一棵勇敢的树

春天，是树木的生日。

每一棵树，都在为自己庆贺生日。于是，它们一棵棵都变得那样快乐。我也不由自主地被它们散发出的快乐所感染，甚至想象着自己变成一棵树，然后，融入它们的世界，与它们一起分享那份最自然的喜悦。

树木的快乐，没有一丝张扬和造作。无论你欣赏还是漠视，它们都坚持着自己的生活方式，将快乐静静地洒在山野中、沟坎上，以及我们每天都经过的路旁。

树木的快乐，是为春天和那些喜欢阅读它们的行人准备的。当然，它们并不会因为某一个人的漠视，而变得伤心、萎靡，或者对外抱以虚假的姿态。因为，它们生命的根基是正直的、纯真的。

滴水藏海

人生是复杂的，从来就不会像漫步林荫，或荡舟湖上那样轻松浪漫。在人生的道路上，你经常会遇到一些意料不到的困惑、烦恼与痛苦。万里晴空的夏日，有时候还会突然升起一片遮日的乌云！

树木的宽宏和无私，总是在无声地感动着我。如果谁认为它们的生命是卑贱的，谁就犯下了一个错误。对待它们，你应该用一种平等的目光。

默默地，在心中为它们的生日祈祷吧！我相信，在这个时候，你的整颗心，也会像那些快乐的树一样跳跃起来。

夏天，是树木的舞台。

在这个令人极易滋生慵散和浮躁心绪的季节里，树木总是显得异常清醒。即使烈日如火，它们仍没有丝毫畏缩，而是用向上的枝，擎起一片片绿叶，坦然地承受着烈日的考验。

> 问题是在于你对待人生的态度，是积极进取、乐观向上，还是消极悲观、惊慌失措呢？

树木，应该是夏天的主角。在这个硕大的舞台上，它们的姿态是那样风情万种。或许，你仍有些质疑。那么，请你不要再犹豫，走出来吧，找一棵相熟或陌生的树。站在它的身下，你什么也不用想，什么也不用做，只需静静地闭上眼睛，等待着那一种感觉，在接下来的某一个瞬间陡然降临。那一种清凉的、源自亘古的气息，将直透你的灵魂。

夏天，是树木展示生命魅力的舞台。所以，我见过的每一棵树啊，都是一道赏心悦目的风景。

秋天，是树木的笔记。

对于树木，秋天是一个非同寻常的季节。一树树叶子，被秋霜洗尽剩下的一点绿颜。风儿一过，纷纷扬扬的树叶便开始在空中飞舞。它们的舞姿是那样轻盈和潇洒，即使在落地的时候，仍不忘做一串快乐的"空翻"。

我俯身捡起一枚落叶，上面还沾着晶莹的露珠。哦，这是它们欢笑的泪水。它们走过了又一轮的生命旅程，是在为重新回归大地母亲的怀抱而激动。

在秋天，树木将所有的思考，都封存在叶子的脉络里，叶子是树木的笔记。然后，它们将那一页页笔记藏匿到土壤里。从此，树木的每一个思考，都变成了永恒。

我将一枚叶子放在嘴边，轻轻地咬了一下，有些淡淡的苦涩。人生的真相是否正蕴含其中呢？

苦涩多于欢乐。

请你记住，乌云只是暂时的，它不会永久遮住灿烂的阳光。风雨过去，乌云也就散了，太阳终会重新露出笑脸。

每一个人，都是哭着来到这个世界的，仿佛从出生的那一刻，即感知到生命的苦难。从此，再也摆脱不开与生俱来的悲欢离合，直到生命的尽头。

而我们呢？唯有像树木一样，学会真正的思考。然后，用一种快乐和潇洒的姿态，去掩埋曾经历过的苦与痛。

冬天，是树木的赛场。

许多生命，都在冬天里选择了退缩。然而，树木却把冬天视为与寒风和冰雪角逐耐力的赛场。冬天是无情的，它从来不会因为某一个生命的脆弱，而对其多一些关照。

树木深知冬天的本性，所以，无论是在肆虐的寒风中，还是在厚厚的冰雪中，它们从来没有放弃骨子里的自信和勇气。尽管在凶恶的冬天面前，它们有时候也显得那么渺小和无助。然而，只要走近它们，你就会发现，它们摇摆的舞姿原来是那样坦然，它们的肌肤与寒风撞击的声音是那样铿锵有力，它们的歌喉仍充满快乐的音符……

因此，当你的头顶上也升起一片乌云的时候，请你不要失望，请你不要悲伤，记住普希金的著名诗句："快乐的日子就会到来！"

每一棵树都坚信,在这场漫长而残酷的马拉松角逐中,最终胜出的还是它们。

我,也是这场特殊比赛的观者之一。我在为树木助威喝彩的同时,也渴望变成一棵树。我已经领悟到,原来对于每一个生命,冬天都是一个不可缺失的季节!

14. 驾驭好人生的航向

滴水藏海

人生如海,既然有风平浪静,就会有凶风恶浪,甚至是死亡的威胁!当你的人生航船身陷恶境之时,你没有理由畏惧和退缩,听凭厄运的摆布。你应该做的就是,勇敢机智地攥紧自己手中的"漂钩",驾驭好自己人生的航向,满怀信心地驶入光明。

那年夏季的一天,我趁着暑假帮父亲到海滩上"守船"。"守船"是一种非常枯燥而无聊的营生。然而当时,在跟我这般年纪大小的孩子们眼里,那些洒满大人汗水的甲板,还有那些狭窄而塞满鱼腥味的船舱,竟像磁石一样散发着诱人的魅力。

在闷热的船舱内,劳碌一天的父亲已鼾声四起。而我始终抑制不住内心的兴奋,无法入眠。我睁着大大的眼睛,透过舱盖的缝隙,仰望夜空上淡淡的星星，听海水汨汨地撞击着船板。

不知过了多久，我发现夜空上的星星悄悄地隐遁了，船体开始剧烈地摇晃起来。我惊讶地探出头去，朝外观望，"哇——"四周竟是一片汪洋，早已觅不到海滩的影子了。我惶恐地喊醒父亲，他麻利地钻出了船舱，"是海……啸……"父亲说话的声音有些颤抖，但他瞅了瞅我，旋即又恢复了镇静，甚至还用奖赏的口气对我说："多亏你警觉。"

此时，海浪愈加凶猛，一个又一个地朝我们砸来。父亲稍一犹豫，而后果断地命令我说："我撑船！你赶快用刀把锚缆剁断！"我不容思考，一边控制好摇摆的身体，一边用刀把锚缆剁断了。

瞬间，小船像一片枯叶被恶浪吸入腹内。父亲费尽九牛二虎之力，才将船头掉转过来。于是，整个船体随着海浪忽高忽低地漂流起来。父亲稍稍喘了一口气，故作轻松地说："现在，咱就不用怕它了！"

塞涅卡说过："愿意的人，命运会领着走；不愿意的人，命运会拖着走。"是的，消极的人在面对挫折的时候，经常会表现得惊慌失措，无奈地哀叹："生活真难啊！"积极的人会给自己提出明确的任务：战胜挫折，把自己锻炼得更加成熟和坚强。

当然，在你的生活中，挫折有大有小，比如学习上的困难，工作中的失误，同事间的摩擦，朋友间的误解，恋爱时的波折等，这些都属于不遂意的小事，但积累起来就会消磨你的意志。

有些挫折，譬如高考落榜、婚姻失败、事业不成、家庭变故等，则往往会对你的生活产生重大影响，甚至摧毁你的某一精神支柱，继而爆发"人生危机"。

这个时候，你应该鼓励自己："失败不是人生最后的句号，挫折是人生最大的财富。"

因此，你不要惧怕眼前的困境，因为只有敢于在泥泞里行走，才能留下一串串深深的脚印，并且清晰地印证出你追求的价值。

如果你没有立即行动的勇气，虽然不会失败，但你也绝对不会成功。其实，当你停止尝试，不再拼搏的时候，才是你人生中最大的困境。

父亲紧攥着"漂钩"（撑船的长竹竿），随时调整着船头的方向。就这样，不知打发掉多少个凶险的浪头，随着微露的晨曦，我和父亲终于熬过了恐怖而漫长的黑夜，大海又恢复了先前的平静。父亲撂下手中的"漂钩"，重重地跌坐在甲板上。我吃惊地发现，他的两只手掌上渗满了鲜红的血水。之后，我也躺倒在甲板上，大口大口地喘着粗气，任由海水一样咸涩的泪水滚涌而出。

过了一会儿，父亲重新抖起精神，找出工具，将那台被海水浇得透湿的柴油机发动起来。然后，他又根据自己多年出海的经验，调整好了航向。我疑惑地问父亲："那时候，你为什么叫我把锚缆剁断呢？"

父亲说："如果咱不撂

脱锚的阻力,小船很快就会被海浪掀翻的。"

我又问:"那么,咱为什么不往岸边靠呢?"

父亲动容地解释道:"这些我都想过了,靠岸的结果会更糟。因为凭咱俩的力量,根本控制不住船体冲向岸边礁石的速度。倘若硬往岸上闯,结果很可能粉身碎骨。不过,我们却有一次冒险的机会。"

父亲说到这儿的时候,我发现他已是热泪盈眶……

所以,你一旦看准,就大胆地行动吧!这已经成为许多成功人士的经验之谈。只要你信心百倍,敢于一搏,就一定能够战胜内心对失败的忧虑,成功的几率也必然会大大地增加。

 15. 像山蚁一样坚韧

狸鼠和山蚁是生长在山林里的、两种忙碌而不知疲倦的小动物。然而,它们的生存方式却截然不同,颇耐人寻味。

有一只狗熊发现了一个山蚁冢,它垂涎欲滴地围绕着那个山蚁冢大吼大叫转了几圈。然后,它一巴掌扇下

滴水藏海

狸鼠和山蚁的生存方式,不就是每个人的生活缩影吗?人生是变幻莫测的,不知道在什么时候,厄运会突然降临到你的身上。

去,那个土冢就塌了。数万只山蚁翻上滚下,乱作一团。此时,狗熊便兴奋地伸出前掌来,用舌头舔着掌心,在上面粘上一层胶状的唾液。它的巴掌往下一拍,数百只山蚁就粘在了掌心上面。舌头再一卷,掌上的山蚁便成了它的腹中美餐。

在狗熊的突袭之下,土冢内能够逃脱的山蚁往往所剩无几。然而,那些熊口脱险的山蚁,很快又会聚合到一起。之后,它们会克服种种困难,努力建筑自己新的家园。不久,山林里又多了一个小小的山蚁冢。

而从体形上来看,狸鼠比普通的野鼠要强壮许多。每到了秋天,它们便会通过各种渠道偷回来大量粮食。尽管它们把洞口设计得非常隐秘,平时人们极难发现,可是,一到下雪的时节,人们就可以跟踪其脚印,找到它们的"地下仓库",将里面的粮食挖走,用来做饲料。

狸鼠返洞后,发现"仓库"被洗劫一空,便恼羞成怒,发疯似地围着"仓库"乱窜一阵。在绝望之际,它便爬

面对那些意外的打击,你不能像狸鼠那样愤怒而绝望,而应该从山蚁身上学到一些东西:摒弃心中所有的不幸,抖擞起精神,重新构筑自己的人生家园。

在生活中,每个人都有自己的梦想,而要梦想成真,就必须付出一定的努力。因为,在这个世界上并没有免费的午餐。有些人遭受一点挫折和打击之后,便心灰意冷,选择逃避,他们注定与成功无缘。

上一棵小树，把毛茸茸的脖子伸进三角形的树杈上，四脚垂下，使全身悬挂起来——上吊自杀了。

其实，山蚁和狸鼠在挫折面前所表现出的两种截然不同的态度，就是勇敢者与懦弱者的最真实写照。有一个名叫迈克的小男孩，他的父亲是犹太人，而母亲则是天主教徒。因而，他父母之间的关系非常紧张，他也因此经常遭到母亲的毒打。在这个畸形的家庭中，小迈克不但长得瘦弱，而且性格极其畏缩。

在他读高一时的一天，体育老师在操场上教他们如何投掷标枪。在此之前，他无论做什么事情都畏畏缩缩的，对自己一点没有信心。可是在那一天，奇迹却出现了。他在投掷标枪时，奋力一掷，只见标枪飞跃过其他同学的纪录，并超过足足30英尺。就从那一刻起，迈克知道了自己也有比别人做得出色的地方。

当时，他便请求体育老师借给他那支标枪。在以后的时间里，人们在操场上经常看到他练习投掷标枪的身

> 其实，成功里面包含着挫折，成功只不过是战胜挫折后的必然结局。换句话说，挫折也就是你取得成功的必由之路，是不可绕行的阶段。

> 再说，挫折本身也能成为你获取成功的一面镜子，当你借鉴其中经验的时候，也就是挫折的价值展现的时刻。

> 有这样一句俗语："七跌八起。"这句话的意思就是告诉你，在人生的道路上，你无论遭遇多大的挫折和困难，都必须不屈不挠，勇敢地站直身子。

影。慢慢地,他的体格已有了很大的改变。在随后一年里,他特别注意加强重量训练,使自己的体能逐步提高。在高三时的一场比赛中,他掷出了全美中学生最好的标枪纪录,因而也赢得了南加大的体育奖学金。

但在后来,迈克因为锻炼过度而严重受伤,经检查证实,得永久退出田径赛场,这也使他失去了体育奖学金。为了生计,他不得不去一家工厂做卸货员。

然而,他并没有因此而绝望。在那段时间里,他对电影表演和制作产生了浓厚的兴趣。他节衣缩食购买了大量专业书籍,只要有时间,他就认真地学习。他认识一位朋友,在一家电影制作公司工作,因而当遇到一些不解的问题时,他就会去找那位朋友求教。

一个偶然的机会,那位朋友告诉迈克,一位电影导演准备拍一部名叫《鸿运当头》的影片,让他帮忙物色两个演员。于是,他推荐迈克去试一下镜头。

人生的道路是漫长的,社会的环境是复杂多变的。因而,谁也不能保证自己在以后的道路上不遇到困难和挫折。于是,这句俗语对你就有一种特殊的启示意义,因为它蕴含着一种永不服输的道理在里面。

因此,当你遭遇到生活的瓶颈之时,一定要及时检查和调整你的生活罗盘。有自信,才可以超越困难;有自信,才可以突破阻挠;有自信,才可以扫除障碍。只有相信自己,你才有可能突破生活中的瓶颈。

迈克听了之后,感到万分惊喜。在经过一番精心准备之后,他找到了那位导演。结果,那位导演对他的演技赞叹不已,并当场拍板。

迈可自踏入这部影片之后,就再也没有回头。他先是饰演一些小角色,后来就做主演,然后再做导演,最后成为制片人,他的辉煌人生事业就此一路展开。

16. 多明戈的成功之路

1957年的春天,多明戈成功地为母亲佩皮达的歌唱会做完钢琴伴奏时,还是一个年轻而拘谨的小伙子。之后,他在母亲的影响下,渐渐地把兴趣由钢琴演奏转向了歌唱。

多明戈在墨西哥城演出了170多场《窈窕淑女》,他的歌唱事业几乎已经毫无悬念地滑进了一条平静的、没有丝毫风浪的河流。每天,他都在和那群富有的朋友在墨西哥城过着一种

滴水藏海

在人生的道路上,苦难如同加油站、磨刀石,它能够磨练你的品行,也能够为你走向成功而提供足够的动力。

传统的奢华生活。他们一夜又一夜地从一个酒吧呼啸着奔向另一个酒吧,他的大多时间都浪费在无聊的酒场和闲聚之中。

有一天,多明戈去医院探望一位身患绝症的挚友,而他的那位挚友坚持提醒他说:"眼前的这一点点荣耀,与你的天赋相比是何等渺小!你这样放纵自己,其实就是在浪费自己的生命。你为什么不使自己的歌唱事业有更大的进展呢?你有能力做到!"

挚友的诤言,深深打动了多明戈的心,他曾流着热泪在日记里面写道:"生命的短暂,对每一个放纵它的人来说都是始料不及的。而我眼前所取得的荣耀,与曾经的梦想相比是何等渺小,我必须重新挑战自己!"

此后不久,多明戈的另一位朋友——犹太钢琴家约瑟·卡恩给他打来电话,告诉他特拉维夫歌剧院有一个演员的职位空缺。尽管歌剧院开出的月薪只有1000以色列币(当时折合333美元),但多明戈仍不肯放弃这个难得的机会,他迫不及待地给歌剧院

> 一个人长期置身于安逸的环境之中,精神就容易倦怠,失去斗志。而身处逆境之时,往往能够最彻底地激发出自己的潜能。

寄去一个示范磁带。他们立即寄来回信表示愿意接受他，多明戈当时简直有些欣喜若狂。

特拉维夫的生活并不轻松，甚至多明戈第一次看见这座城市就觉得它有些令人沮丧。因为那时正是圣诞节期间，本应该四处装扮得漂漂亮亮，充满节日喜庆的气氛，而这座犹太城市却显得异常昏暗，令他感到格格不入。

多明戈知道自己一走进这座城市，便意味着完全远离了他在墨西哥大剧院辉煌的主角地位，一切必须从零开始，从一个不被观众重视的配角开始。当时，他每场演出费只有16.5美元。歌剧院的女经理，是一个个性倔强、脾气异常暴躁的人，演员们都很难适应她的苛刻。

但是，多明戈一想到自己离开墨西哥大剧院之前的梦想，眼前所有的困难都变得迎刃而解了。他全心全意、毫不松懈地接受歌剧院对自己的训练。此后，他在短短半年的时间里，参加了200场演出，学习了50部歌剧。

因此，你应该相信，无论在何种境况下，你遭受的痛苦愈深，随之而来的回报就会愈大。所以说，吃苦本身就是一种资本。没有遭受过饥饿，你就不会知道一粒米的宝贵；没有经历过寒流的侵袭，你的身体就不能生长出与寒冷抗争的细胞，你会变得十分脆弱，容易发抖、胆寒。所以说，当你遭受痛苦的时候，不要悲伤和畏缩，勇敢地接受命运对你的考验吧！

在特拉维夫歌剧院里演出和训练的经历，使多明戈积累了通常演员需要用一生时间才能获得的歌剧表演经验。

有一天，幸运之神终于站到了多明戈一边。歌剧院的经理在挑选扮演《卡门》中"唐豪瑟"的演员时，那个演员因为刚跟经理大吵了一场，临场出走了。

> 只有那些不论做什么事情都能够全力以赴，为了实现目标而不惜代价，即使跌倒，仍能够笑容可掬地爬起来，掸掸身上的灰尘再拼一场的人，才会获得最后的成功。

她被迫作出决定，启用一直在剧中担任配角的多明戈来扮演这一角色。而此前，多明戈还从来没有演唱过这个角色。

那么，多明戈会接受这个角色吗？他当然会，而且他没有告诉任何人他以前没有演唱过这个角色。

于是，这位男高音歌唱家把自己锁在酒店的房间里，只花了3天的时间，就学会了全部法语唱词。结果，那场演出获得了巨大的成功。

从此，多明戈渐渐赢得了全世界的关注。他经常会接到一些来自欧洲的邀请，其中最引人注目的是来自汉堡和维也纳的邀请。他在汉堡演出时，再一次引起巨大的轰动，以至于剧团希望与他签订长期合同。

然而,多明戈却婉拒了这份合同。因为他坚信自己真正的艺术生涯才刚刚开始,他应该完全自由地去迎接下一个挑战。

17. 在痛苦中酝酿的甘甜

有一位老画家,被检查出患有一种绝症。在他的生命剩余不多的时间里,他的朋友和学生经常去探望他。尽管病痛每时每刻都在折磨着他,但他从来没有放下手中的画笔。

那些朋友和学生,见他每画完一笔,都要忍受着巨大的疼痛,便劝他说:"这么受罪,您为什么还要坚持作画呢?"

老画家坦然地笑道:"把美留下,痛苦就会远去。"是啊,时时想到把自己生命中最美丽的色彩绽放出来,痛苦或许会减轻一些。

有这样一个寓言:在一个花园里,

> 滴水藏海
>
> 有的人,或许从一出生,便注定要与不幸和痛苦纠缠在一起。如果自暴自弃和怨天尤人,结果只能使生活变得更糟,人生也就不会有任何转机了。

生长着各种各样美丽的花草。有一棵苹果树生长在一个偏僻的角落里,它的生命已经非常衰老。它曾经粗壮的树干上,长满了树瘤,里面甚至开始朽烂。

然而,它仍努力地发芽、生长、开花。周围的那些花草纷纷嘲讽它的丑陋,可是老苹果树对它们的冷嘲热讽一点都不在意。它所关心的,就是如何聚集力量,将果子孕育得更大。

当园丁带着孩子们到花园里来玩时,孩子们只顾欣赏那些美丽的花朵,还有在花丛中翩翩飞舞的蝴蝶,对墙角的那一棵老苹果树毫不理睬。

园丁便问孩子们:"你们喜欢那些花草,还是老苹果树呢?"

孩子们这才瞅了瞅墙角那棵老苹果树,然后回答说:"老苹果树,就像一个收破烂的老头,我们才不喜欢它!"

此时,老苹果树并没有把孩子们冷漠的话语放在心上。它仍然像从前一样,默默地,满怀希望地生长着。

秋天到了,那些争艳夺姿的花草们,纷纷凋谢了。老苹果树上虽然只挂着很少几个苹果,但它们都是老苹

"天生我才必有用。"你不要因为暂时的失意而妄自菲薄。因为,每一个人都有自己存在的价值。

生命的价值,不依赖于你的出身门第,不依赖于你的长相,也不依仗你结交的人物。这些都不是决定你生命价值的最根本的东西,最根本的是取决于你本身。

果树用生命的力量孕育出来的。它们一个个都红彤彤的,散发着诱人的清香,等待着园丁采摘。

有一天,园丁带着孩子们到花园里采摘苹果。孩子们被老苹果树上的果子给深深地吸引住了,这时候,他们才发现老苹果树竟然如此可爱。

园丁又问身边的孩子们一个与以前相同的问题:"你们喜欢老苹果树,还是那些花草呢?"

孩子们不约而同地回答说:"我们喜欢老苹果树!"

园丁笑了,而后意味深长地说:"是呀,你们应该喜欢和尊重老苹果树。它在巨大的痛苦之中,仍不忘酝酿出甘甜的果实奉献给别人!"

> 像那棵淡定的老苹果树一样,不去介意别人的冷嘲热讽,努力用行动去证明自己生命的价值,那么,在你人生的道路上,将随处飘溢着苹果的清香。

18. 人生不需要"假如"

1942年1月17日,有一个小男孩在美国肯塔基州的路易斯维尔的黑人居住区内呱呱坠地。当时,肯塔基

滴水藏海

在生活中,最可怕的就是那种没有志气和没有主见的人。他们在毫无追求的生活中,仍能苟安下去,抱着"当一天和尚撞一天钟"的混日子念头。他们自暴自弃,从来没有想过打起精神,拿出一些勇气,往前跨两步。这样的人,只能永远生活在阴暗、毫无生气的世界里。

有人说过:"挫折,特别吸引坚强的人。因为你只有在拥抱挫折的时候,才会真正认识自己。"

州与美国其他各州的社会情况一样,种族歧视现象十分严重。

从12岁开始,小男孩就在当地的一家健身房里练习拳击。在启蒙教练乔·马丁的严格指导下,小男孩的拳击技术进步神速。有一次,他在一家由白人经营的餐馆门口,遇见一个黑人被粗暴地赶了出来。后来,他曾亲眼目睹一些黑人,只是因为无意当中触犯到了白人的权益,便被判刑绞死。其中,有一个名叫艾米特的黑人男孩,被那些种族暴力者阉割之后,活活地给烧死了。

看到这些之后,他悲愤不已,并在自己的内心里暗暗发誓:"我一定要成为一名出色的拳击家!只有这样,我才能够帮助自己的同胞!"

经过6年的艰苦训练,他刚一出道,就令世人为之喷叹。1960年,在意大利首都罗马举行的第十七届奥运会上,他一路披荆斩棘,最终获得了轻量级拳击比赛的金牌。从此之后,他开始步入职业拳击选手的行列。1964年,他获得了第一个重量级的世界冠军。这个男孩，就是世界前著名拳王——穆罕默德·阿里。

阿里体力充沛，拳法多变，步伐灵活，出拳迅速有力。在阿里的职业生涯中，他总共参加了60场重大的拳击比赛，胜56场，其中有37场是将对方击倒在地。而在他所输的4场比赛中，有3场只是以微弱的点数而负于对方。

退出拳坛之后，阿里一直致力于宗教和慈善事业，因此也受到无数人的拥戴。可是，阿里在其职业拳击生涯中，因头部受到29000多次的重击，使他一直饱受"帕金森综合症"的困扰。他在走路的时候，身体会不由自主地左右摇晃。即使静坐下来的时候，他面部的肌肉也会不停地颤抖。此时的阿里，很难让人把他与从前那个叱咤拳坛的阿里联系起来。

然而，当阿里跟朋友们坐在一起谈及自己的病情时，他竟用玩笑的口气说："要是我什么病也没有，要是我的身体足够好，那么人人都会怕我。而现在，

你自己努力过吗？对于你所遭遇的挫折，你愿意努力去尝试，而且不止一次地尝试吗？只试一次是绝对不够的。只有多次尝试，你才会发现自己心中蕴藏的巨大能量。

他们反而会替我担忧。从前，人们总是把我当超人。现在，他们也可以这样说了'阿里也病了，原来他跟我们一样，也是一个平常的人嘛'。"

有一次，在一次大型的慈善宴会上，阿里接受了众多媒体记者的采访。其中，有一位记者对他提出这样一个问题："曾经有人说过，你的身体是因为职业病导致的。假如人生重新给你一个选择，你会选择健康的身体，还是拳击事业呢？"

阿里听了之后，非常认真地回答说："世界上每年都会有数以万计身患'帕金森综合症'的病人，可他们并不都是拳击运动员。要是让我重新选择，我不会因为健康而放弃拳击。在我的人生当中，不需要'假如'这个词。"

> 而且，你还要把消极思想给你带来的灰尘污垢，果断地清除掉，以清醒的头脑开始新的一天。这种智慧和清新的思想，将会引导你走向成功之路。

19. 自信而坚强的蒲草

那一丛丛绿云般的蒲草，一直生长在我的心灵深处。它们的根刺透淤泥，深植于坚实的土层。它们纤细柔长的叶子，挺出水面，迎着阳光生长。

蒲草的姿态总是快乐和倔强的。在祥和的日子里，它们随着和缓的风儿，轻轻摇曳着碧绿柔长的叶子，摩挲着，弹奏着。那纯净的乐符合着水鸟欢快的鸣叫，跌落在水面上，泛起一个个微小的涟漪。

在风雨交加的日子，蒲草会伴随着骤风兴奋地舞蹈。那柔美的舞姿，透着几分粗犷。舞动的蒲草，变成了一个个豪情万丈的侠女，欲把身下整塘或满河的水搅起。

我喜欢和敬慕蒲草，那一种深植于心灵的植物。

记忆里，在村东有一条蜿蜒的小河。每到了夏季，那一丛丛碧绿的蒲草肆意地将整条小河的空间给添满了。烈日之下，当我们像泥鳅一样，光溜溜地潜水钻进那一丛丛蒲草时，整个夏天便被挡在外面了。身边，只有水的清凉和蒲草的芳香。

蒲草的气息是清纯和诱人的，那一缕缕清香可以随着水流渗入我们身

滴水藏海

世间万物，但凡有生命的，又何止我们人类懂得活出自己的精气神。你看身边的那些花草树木，它们不是同样充满着灵性吗？

体的每一寸肌肤。只有在多年以后，我才懂得用初恋情人的体香来形容蒲草的香氲。

秋天，是蒲草成熟的季节。它们那泛黄的肌体，开始构思一个新的梦境——期待着人们踩着水前来收割它们的记忆！蒲草的梦想也是快乐和坚强的，因为它们渴望被收割的人儿编织成蓑衣和草苫，继续迎风挡雨！

那年冬天，老村改建的时候，那一条蜿蜒的小河被填平了。那一丛丛碧绿的蒲草，从我的视线中悄无声息地消失了。我始终感觉，没有蒲草的夏天总是多了一些莫名的遗憾和伤感，这样的夏天有一些不完整。

一个夏日的傍晚，火红的晚霞映照着那条人工修建的小河。河堤，都是用水泥和平整的花岗岩砌成的，非常洁净。河畔上栽种了许多垂柳、迎春和其它的花木。

很长时间来，我是第一次带儿子到这条人工的小河边散步。因为我喜欢的还是从前那条自然而长满蒲草的小河。

> 无论身下的土地多么贫瘠，它们总会努力把生命中最鲜亮的叶子呈现出来，把那些干枯的枝叶掩藏到深处。

河水很浅很清,没有蒲草的映衬,流水的样子有些匆匆和虚伪。这样的流水随处都能见的,已没有那种诗般的意境可寻了。

很随意地走着。在经过小河的一转角处,我的眼睛蓦然一亮,因为在小河底竟生长着一丛碧绿的植物,那柔美修长的叶子在轻轻地摇曳着。啊,是久违的蒲草!我禁不住脱口而出,眼角竟有些湿润了。

儿子惊讶地盯着我,他不明白我为什么会如此激动。是啊,他怎么会明白,在那些碧绿的叶子下面,藏匿了我整个童年的欢乐与渴望,还有一个折断已久的思念呢?

在那一丛蒲草的指引下,我很容易就找到了原先那条小河流经的痕迹。原来,这个转角处是现在这条人工小河与从前那条自然小河的交叉点,而那一丛蒲草就是生长在以前的河床上。

谁能够相信,那一丛鲜活的蒲草,曾被泥土和垃圾湮没了六七年之久呢?我想象不出来,在那一段漫长

> 它们也会努力地开花,不管艳丽还是素洁,不管芬芳还是淡雅,它们都不会拒绝生命的花期,在困境里默默地绽放。

黑暗的日子里,它们忍耐了多大痛苦的煎熬,才重新迎来生命的阳光?

然而,有一点我是知道的,那就是蒲草一直没有放弃对生命的希望!你看吧,那一丛蒲草在阳光下,仍在尽情展示着它们那快乐的姿态和倔强的个性!

20. 生活是最美好的事情

有个年轻人,他从很小的时候起,就迷恋特技表演。他最崇拜的就是那些能够骑着单车,在陡峭的山坡或障碍林立的表演场上,行驶如飞的特技大师们。

后来,他决定练习单车。他一边读书,一边利用课余时间到校外打工。之后,他用积攒下来的钱,买了一辆可以做特技训练的自行车。从此,他如虎添翼,课余时间他几乎都用在练习单车上面。另外,在假期的时候,他想尽一切办法去拜访那些特技高

> **滴水藏海**
>
> 在生活中,经常见一些人,因为事业的挫折或情感的失败等,便心灰意冷、万念俱灭,最终选择"自杀"这种最为残酷的方式来作为解脱的办法。其实,反过来想,一个人连死亡都不怕,哪生活中还有什么好可怕的呢?

手,虚心跟他们求教。

经过几年的苦练,他的单车技能有了很大的进步。即使在一些异常坎坷的小路上,他也能轻松地做出一些令人瞠目结舌的高难度动作。

在大学毕业之后,他放弃了其他工作的机会,因为他非常希望找到一项能够展示自己单车特技的工作。他到一些特技表演团和一些影视特技制作公司去应聘,结果都吃了闭门羹。这期间,他的手头异常拮据,连维持基本生活都有些困难。不久,他在大学时的恋人也移情别恋,投入别人的怀抱。

此时,他的心情消沉到了极点,对前途感到异常迷茫。他被这种绝望的心绪纠缠了很长时间,竟然产生了自杀的念头。

即使自杀,他也要选择一个令人瞠目结舌的地方。那一天,他只身爬上了尼亚加拉大瀑布的山顶。他看着倾泻而下的飞瀑,还有身下悚人的深涧,犹豫了许久,最终还是选择跳了下去。

命运往往就是这样奇怪,它在赐予一个人成功之前,大都要设置下一道道屏障,来考验一个人的毅力与勇气。因此,那些怯懦者,只能在失望和抱怨之中,走过一生。而只有那些知难而进,勇于跟厄运搏击的人,才能最终品尝到命运之神的精美馈赠。

当他的身体随着瀑布的激流,冲下山涧时,竟然出现了一个奇迹。他没有被摔死,而且身体只是受了一点轻伤。当他的身体被激流朝深潭卷去的时候,他蓦然产生了一种强烈的求生欲望,感觉只有生命才是最宝贵的。

为了摆脱险恶的激流,他竭尽全力地朝岸边游去。他终于成功了,当他疲惫不堪地躺在岸边时,他发现阳光是如此明媚,活着是如此美好。

他赶到医院去包扎伤口,医生得知他受伤的真相之后,感到十分惊讶,而后半开玩笑地说:"勇敢的小伙子,你用自杀创造了一个奇迹!"

之后,他找到一份与特技表演一点都不沾边的工作。在工作之余,他仍坚持做单车特技训练,丝毫没有放弃自己的梦想。他在耐心地寻找着机会。

后来,他终于等到了一个机会,进入一家较为有名的杂技团做特技演员。每到一处,他那精彩刺激的表演都会受到观众热烈的欢迎。他的名气也越来越大,他所表演的节目也成为该团的压轴戏。一些影视制作公司,

> 一个意志薄弱、遇到困难就向困难低头的人,必定会一事无成。你应该明白这样一个道理:一个人所赢得的成就跟他战胜困难的能力是成正比的。因而,面对横亘在你面前的一些困难,你战胜得越多,就会获得越多宝贵的经验和骄人的成就。

纷纷邀请他参加一些片子的特技表演的拍摄……

"生活是最美好的事情——只要你还活着,任何困境都不可怕!"这是他在接受媒体记者采访时常说的一句话。

21. 生命里的壮观风景

每一次陪朋友进崂山景区游览,我都忘不了将生长在崖壁上的,那些奇形怪状的树木指点给他们看。

我想象不出来,在那近乎垂直,且缺少土壤和水分的崖壁上,那些树木需要付出多大的勇气和信念,才能够生存下来,并一年一年地长大。

我们沿着其中一座山峰的石阶,攀登到半山腰。在身旁,就是云雾缭绕、垂直陡立的崖壁。此时,那些生长在崖壁上的树木,便近距离地呈现在我们的眼前。

无论它们的形状多么怪异,它们

滴水藏海

我们每一个生命,不就是一棵树吗?当遭遇痛苦和磨难的时候,我们都应该像那些生长在崖壁上的树木一样,永远不要放弃向上的念头,挺起胸膛与苦难抗争!有些时候,痛苦的经历会像树瘤一样,成为我们生命中一道壮观的风景!

一个没有经历过磨难的生命，会存在许多的缺憾。一个真正想在社会上有所作为的人，是不会惧怕磨难的。一个人若经历过磨难的洗涤，意志反而会变得更加坚强，志向变得更加高远。只有经历过磨难，你才会发现它们也如同金子一般珍贵。

一个人如果想在某一方面成就大业，关键要看他在这一领域能够坚持多久，往往坚持到最后的就是成功者。譬如说马拉松赛跑，与其说是竞争的速度，还不如说是在比拼耐力。

在社会上，其实做任何事情都像赛跑一样，成功与失败的距离往往只是一步或半步之差。

的树冠都是努力朝上倾着。而且，几乎每棵树木在其接近根部的主干上，都生长着一个巨大刺眼的树瘤。每一棵树，都如同一位历经岁月沧桑的驼背老人。

每一次垂目，我都会被那些巨型树瘤给震撼。它们就像一本本大书，用独特而鲜活的文字，记录着每一次生命所经历的痛苦和风雨。

我能够读懂它们的语言：那是在很多年以前，一只鸟或一阵风，将某一粒树种带到崖壁上。于是，种子就在岩隙里发芽生根。为了获取水分和养料，为了抵挡山风的侵袭，那一株陷入厄运的小树苗，只有努力地把根系朝周围的每一个岩隙伸展，并一点点地长大。

然而，它最初是从垂直的岩面出发，树头无法抬向空中，只能俯首面朝崖下。当树枝长得越来越粗的时候，它也逐渐变得坚强起来,顽强地在贴近岩石的地方把窘迫的树干弯成肘状。它们就像头部后仰的游泳者,凭借恒定不变的意志、张力和挛缩,支撑着树冠,最终在空中傲然挺起。

从此,这个生命的全部深思、全部能量和全部自由不拘的才华,都集中在这个支撑生命的树瘤上头。是啊,树瘤既是痛苦的产物,又是一个生命顽强不屈精神的象征!

> 无论遭遇什么样的境况,你都应该保持一种乐观的心态,从阴暗的眼前看到光亮的一面,这样才能愈加自信地克服失败所带来的打击。这样,你才能够培养出自己观察入微的眼光。

22. 绝境中的勇气

山火发生得很突然。

当时,他正和几个小伙伴瞒着大人,偷偷爬到后山上采摘红果儿。起初,山火并不大,但因为气候干燥,再加上后山上草木茂密,火势很快朝他们蔓延过来。

浓烟和热浪,顿时将深秋初降的冷气湮没了。

当那一群孩子发现山火像一条巨

滴水藏海

> 任何人的生活,只有两种境况,不是征服困难,就是被困难所击倒。其实,人生就是一连串克服困难的进程。

大的火龙，打着卷儿朝他们扑过来的时候后，一个个惊恐万分，就像被猎犬追赶的野兔一样。他们一边喊叫着，一边疯狂地朝山顶逃去。为了不被身后扑将上来的山火包围，他们将采摘的红果儿全部扔掉了。

他们原本认为，翻过那一道石壁到达山顶之后，就会避开山火，进入安全地带。然而，当他们狼狈不堪地爬上山顶之后才发现，山火好像故意跟他们捉迷藏似的，刚才竟在他们的身后绕了一个弯子，继而，从侧面扑了上来。

浓烟将天空搅得一片灰暗，根本分不清下山的路，更不知道该往哪个方向走才能避开山火。除了他，剩下的那几个孩子都惊恐而绝望地哭喊起来。

但是，他们的哭喊声，转瞬之间便被山火席卷草木所发出杂音吞没了。山火距离他们越来越近了，他们感觉仿佛置身在一个硕大的火炉里一样。

这个时候，可能是因为恐惧至极，他们反而停止了哭喊，一个个都呆呆地站在山顶上，如同木雕泥塑一般。

不要因为经历了几次挫折和失败，就变得心灰意冷，也别在泥泞的道路上畏缩不前。要知道，正因为生活中还有许多不符合我们理想的事实，才给我们提供了展现生命光辉的机会。

蓦然，他发现脚下草丛里有一些还未僵死的蚂蚱、蝈蝈等小昆虫，竭尽全力地朝一个方向涌去。

"它们一定预感到了，灾难降临到了眼前！"在这个念头闪过之后，他已经顾不得犹豫，立刻吩咐小伙伴们赶快撒尿，像他一样用手掌将尿液接住，并浇到自己的头发上。然后，他镇定有力地喊道："我认识路！你们赶快跟我走！"

果然，那些小昆虫能够"趋吉避凶"。一个小时后，他们平安抵达半山腰的安全地带，他没有让一个小伙伴掉队。只是，他们虽然已经各自往头发上浇了尿液，但头发仍被烧焦了。

他们的家长和前来帮助寻找他们的乡亲，悲喜交加地扑上前来，将他们紧紧地抱住。依偎在母亲怀里的时候，他忍不住哭了。

然后，他告诉了母亲：其实刚才在山顶上的时候，他也很害怕。但是他不敢表露，他害怕小伙伴们因此而失去逃生的信念。他也不敢告诉他们，在被山火围困的时候，其实他也分辨

> 眼前，你所拥有的生活，无论好与坏，总是和你丝丝相扣。如果你没有把坚强的微笑带给它，就证明自己缺乏生活的热忱，这将是人生最大的失误。

不清方向，刚才只是跟着那些昆虫逃生的方向走。

母亲一边抱紧他，一边哽咽着说："孩子，你很了不起。从现在起，你已经变成了一个真正的男子汉！"

那一年，他才13岁。

现在，已身为一家大型集团公司总裁的他，在每一次欢迎新员工的会议上，他都要讲一遍这个发生在32年前的故事。

然后，他就会语重心长地对那些新员工们说："你们一定要对工作和生活充满希望。厄运是头顶上的浮云，它不会永久挡住蓝天。无论身陷何种困境，都应该相信自己能够战胜厄运！我就是32年前的那个小男孩！"

> 因此，你无论身陷何种困境，都应该相信自己能够战胜所有降临的厄运！一定不要放弃心头的激情和希望，明天会更好！

23. 你是奇迹的缔造者

这是一个真实而悲壮的故事，美国丹佛市爱立医院的威廉医生，用他的勇气和行动，向世人证明了一个生命的奇迹。

威廉医生是一个非常专业的钓鱼迷,他的业余时间大都花在了野外垂钓上面。而且,他总是喜欢驾车到那些人迹罕至的河谷上钓鱼,他认为那样才更有意义。

那是一个星期天的早晨,威廉医生备好了钓鱼的工具。然后,他来到一个名叫维尔湖的地方钓鱼。当他兴奋地钓到十几条大鱼的时候,从他立脚的湖边突然滚落下一块巨石。威廉医生躲闪不及,被巨石压住了小腿。他在地上躺了3个小时,拼命挣扎,仍无法将小腿从巨石底下抽出来。他的手机放在了车上,而且四周荒芜人迹,求救无门。

更加糟糕的是,天空开始阴沉下来,眼看暴风雨就要来临,如果不赶紧采取果断措施,迅速赶往医院救治,他必将因疼痛难忍及失血过多而死亡。

威廉医生冷静地做了决定,他先用钓鱼丝线把腿上部紧紧扎住,然后取出随身携带的小刀,慢慢地在左膝关节处切割。虽然在多年工作中,他

滴水藏海

假如人生永远一帆风顺,那么到达成功的彼岸就容易多了,只要你树起理想的风帆即可。但是,人生并非如此。不一定在何时,你就会遭遇挫折,甚至陷入困境。这就像开车一样,你不能企望道路永远宽敞平坦。

苦难是人生最好的教练,从它那儿你可以学到许多在其他地方无法学到的东西。你可以磨练自己承受苦难的能力,并体会到人生残酷的一面。经过苦难的磨练之后,对于人生将要迈过的所有坎坷,你都会将其视为阳光大道,不再畏惧前方的暴风骤雨。

> 自强就像是一支蜡烛,只有在你点燃它的时候,你才能看到光明。在人生的道路上,困难和挫折是任何人都无法避免的。按照一般的思维,在你遭遇困难和挫折的时候,或许第一个念头就是希望有人能够拉你一把。然而,你要切记:这只是一种愿望而已。在你需要帮助的时候,救世主并不一定光临。那就需要你战胜自己,勇敢地迈出去。你要知道,世界上真正能够救自己的,只有你自己。

积累了丰富的经验,但是他仍需忍着难以想象的痛楚,尽力使自己不致昏迷过去。过了一小时,他终于把自己的左下肢切除下来。

然后,他强忍着剧痛,将切割的伤口包扎好,爬行了将近100米,爬上了自己的汽车。这个时候,他的头上和脸上爬满了豆大的汗珠,精神也开始出现恍惚。但是,威廉医生仍驾车驶出十几公里,来到附近的阿里斯镇。当地人发现了浑身是血的威廉,立即报警。

20分钟后,救护人员赶到现场,对他立即进行抢救。当时,他们发现威廉仍坐在他的汽车前座,到处都是血,而他的神志仍还清醒。令那些救护人员难以置信的是,他居然为自己成功地做了截肢手术!

救护人员将他紧急送入医院抢救,医生们开始查看他自行截肢的腿,同时也将他自行截肢遗弃在荒郊的那条左腿寻找了回来。但是,医生最终认为它被切除的时间太久,又未善加保存,已经不可能再接回了。经过医生全力抢救，威廉脱离了生命危险。

在威廉医生病情稳定之后，当地那些媒体的记者纷纷赶来采访他。面对记者们的提问，威廉医生神色平静地说："当时，我不知道这个决定是不是最好的，但是我确实知道附近并没有人，也不知道何时才能被人发现，只有行此险招。幸运的是，我仍然活着。"

威廉医生的家人，以及那些记者，都为他能保住生命而高兴的同时，又对他忍痛为自己截肢的勇敢行为，深感钦佩。

人生最重要的是坚持，千万不要让自强的蜡烛熄灭。哪怕在乌云笼罩的夜空下，它微弱如豆，也要始终坚信自己的光亮。只要你顶得住，就一定能够抵达成功的彼岸。

24. 再坚持一点

这是发生在二战时期的一个故事：有一艘被敌机炸毁的美国军舰，在海上开始一点点地下沉。一些幸存的战士只能跳入水中逃生，他们在海上漫无目的地游着。最终，只有3名战士游上一个荒凉的礁岛。

然而，在这个毫无人迹的礁岛上，

滴水藏海

不幸，的确是一块浮云。在希望与勇气面前，一时的不幸和挫折算得了什么呢？只要心中充满阳光，不幸的浮云迟早会从我们的头顶消散。

除了鸟粪,没有淡水也没有食物。他们坚持到日落之后,仍没有发现前来搜救的舰队。他们知道,最终等待他们的也只能是死亡。于是,在这个阴冷的黑夜里,他们绝望地拉响了腰间的一枚手雷……

翌日凌晨,盟军的舰队闻讯赶到这片海域进行搜救,并发现了那个礁岛。有几个战士划着橡皮艇,登上了那个荒凉的礁岛后,发现了他们的尸骸。

如果当时他们能够相互鼓励,熬过这个暗夜,他们都有可能获得生还。但是,他们却在绝望的打击之下,放弃了再坚持一点的勇气。

在我的身边,曾经有一个痴迷于设计和小发明的年轻人。他在大学毕业后不久,便辞去了工作,一心从事自己的小发明。因为家中经济拮据,他的婚事一拖再拖。后来,与他相识多年的女朋友跟他分了手。

经过一番潜心钻研,他终于研制出了两个新项目。待申请专利成功之后,他抱着自己的发明成果,敲开了

在生活中,没有人喜欢遭受挫折,更没有人愿意收获甚微。如果你不想被平淡无味的生活"腐蚀"了你的斗志,你就得竭尽全力用辛勤的汗水和生命的激情,将生活这盆"冷水"煮沸。

一家又一家公司办公室的门,希望能够找到一位伯乐,购买他的专利。

可是,那些与他有过接触的公司,都以各种理由婉拒了他的要求。有的公司甚至迎面给他泼上一盆冷水,认为他研制的这两个项目毫无市场可言。在遭受了一次次的冷遇和打击之下,他感到有些绝望。

有一天,他看到某大型公司对外招标的广告,他怀着最后一线希望走进那家公司。此时,他才发现,像他一样抱着发明成果前来寻求合作的竟有数十人之多。

他们依照次序,一个个带着自己的设计构思,跟该公司的研发部经理进行商讨。但是,轮到他时,那名经理在听完他的构思之后,好像对他的想法一点都不敢兴趣。然后,很随意地将他的那份构思简介放在一边。

他知道,这一次肯定也不会有多大希望。继而,他心灰意冷地离开了那家公司。一连数天,他都没有接到那家公司的电话,彻底感到绝望了。之后,他愤怒地将自己多年研制的成

你想达到成功,首先要给自己设定一个切实可行的目标。设定目标并不难,但那只是通往成功的第一步。当你迈出第一步之后,就不要再畏畏缩缩,想着把自己的脚收回来。你应该坚持不断地走下去,每朝前迈出一步,你距离成功就近了一步。

果付之一炬，在家中自杀了。

就在他去世两天之后，那家公司的董事长从国外考察归来，在看到他的设计构思之后，颇为欣赏。他准备亲自跟设计者接洽，却遗憾地接到了设计者已经去世的消息。

这个年轻人的命运，与那3名引爆手雷自杀的战士是何其相似。在艰辛的付出之后，他倘若能够再坚持一点，或许也会品尝到成功的喜悦。

25. 拥有阳光最幸福

在朋友许川经营的服装公司开业两周年纪念日的聚会上，他端着酒杯很认真地问我："你还记得以前我给你打过的那个'黑色'电话吗？"

我笑着朝他点了点头。随后，我就把那个"黑色"电话的内容告诉了现场所有朋友。

6年以前，他刚迈出大学校门不久，就因为初涉商海"翻船"，欠

滴水藏海

人生，是一个不断开拓的过程。你应该凭借自己的勇气和信心去拼搏，纵然有些时候会遭遇失败和挫折，但这也要比你坐等成功强。怯懦者，只能在失望和抱怨之中走过一生。而只有那些知难而进，勇于跟厄运搏击的人，才能最终品尝到命运之神的精美馈赠。

下了几万元的债务。不久，与他相恋多年的女友也离他而去。在那些消沉而苦闷的日子里，他曾给我打来一个电话，声音绝望地说："现在，我唯有自杀的份了。"之后，我曾多次打电话劝慰过他，然而听到的都是他无奈的叹息。

此时，许川接过我的话题，很坦诚地对众人说："不怕你们笑话，我曾经真地自杀过。"

然后，他对我们讲述了这样一段经历：那是一个萧瑟的秋日，他独自走进了一片静谧的小枫树林。在以前，他经常带着女友到那儿去散步。

每一片红叶，都能勾起他的痛楚。他的手里紧紧地攥着一小瓶冰凉的"液体"。他清楚，那些冰凉的"液体"，足以使他摆脱面前所有的痛苦，当然还有这个世界。他倚在一棵树干上，眼里涌出大颗大颗的泪珠。

蓦然，他发现一个脸上戴着深色墨镜，手里拄着拐杖的老人，慢慢地朝他这儿踱过来。老人从他的身旁经过时，竟停下步子和蔼地问他："你也

> 热爱生活，你就应该来感激它。但是，你不能靠逃避它的挑战来显示你的感激，而是要努力去超越它。这样你就会发现自己的能力，甚至比你梦想中的还要强。

> 任何人在生活中，都会碰到挫折和失败。你不可能永远生活在幸福快乐之中，一味追求没有挫折和失败的生活，是极其不现实的。

是到这儿来看枫叶吗?"

他漫不经意地回答说:"或许是,或许不是吧。"

老人继续说:"从你的声音,我能够感觉出你现在很苦闷。"

他苦涩地说:"是的,我现在是想找一个地方结束生命。"

老人惊愕地问:"为什么呢?"

他说:"因为我感觉活得很痛苦。"

老人打断了他的话,严肃地说:"年轻人,我认为现在的你是最幸福的。"

他不解地问道:"为什么?"

老人郑重地说:"因为你拥有阳光!你知道吗,我看了几十年的枫叶,至今还不清楚红色到底是一种什么颜色啊!"

老人说完之后,便把脸上的墨镜摘了下来,原来他是一个盲人。那位老人,没有再做过多的解释,拄着拐杖,缓缓地走开了。

许川久久地注视着老人的背影,热血沸腾。

"是的,我拥有阳光,我就是最

你不要害怕失败,只有经历失败,并利用失败,你才会变得更加聪明。这就像一位哲人说过的:"失败和挫折会使我们变得更聪明。"

因此,当你遭遇失败和挫折之后,不要自暴自弃,不要怨天尤人,而是要尽快调整好你的心态,调整好你心灵镜头的焦点。

幸福的！"他将那一瓶可憎的"液体"扔得无影无踪。之后，他满怀信心地离开了枫树林……

现在，他不仅拥有了一个固定资产数百万的服装公司，而且还拥有了一位漂亮贤惠的妻子和一个活泼可爱的女儿。

每当走进他的办公室，首先映入眼帘的就是一块很大的匾额，上面写着："拥有阳光最幸福！"

你不要惧怕失败，如果把你的生命比喻成一把披荆斩棘的"利刃"，那么挫折就是一块不可缺少的磨石。勇敢地接受挫折的磨砺吧，你的生命之刃将变得愈加锋利。你的脚掌也会在人生的台阶上坚实前行，距离成功的峰巅将越来越近！

26. 迎接生活中的每一个死球

有个小男孩，从小就酷爱打羽毛球，练就了一身不凡的技艺。因此，他被选送入市少年羽毛球队。在一些地区性的比赛中，他经常获得优异的成绩。

后来，他被一位著名的教练相中，并将他带入了国家青少年羽毛球队，进行更加专业的训练。

在训练的时候，他的教练总是安

滴水藏海

成功的机缘，很少会怜悯那些内心怯懦、性情浮躁和缺少自信的人。对于每个人来说，都应该像那位教练说的那样，用壮士赴义的勇气和信心，去迎接生活扣给我们的每一个死球。即使有过失败，也可以提升你自身的动力。只有这样，你才会赢得更多成功的机会！

> 失败并不可怕,尽管它会给你带来失望、烦恼,甚至是痛苦。但是,它却像一块磨刀石,会磨砺你的意志,鼓舞你的士气,锻炼你的品格,最终使你成为一个能够坦然面对厄运,并成就大业的勇者。

> 千万不要把失败的责任推给命运,那是一种对自己、对生活都很不负责任的态度。你应该努力从挫折中吸取经验教训,继续学习,不断提高自身的修养,从而增添自己应对困难的自信砝码。

排一名身材比他高半个头的队员与他对打。那名队员因为占有身高的优势,再加上发球凶猛、刁钻。因此,几乎每一次对打都是以他失败而告终。

在接下来3个多月的训练中,他只赢过对方寥寥几场,他的心情郁闷到了极点。有一天,教练站在旁边,认真地观看他俩进行对打。在关键时刻,对方连续给出几记重扣,他几次接球均告失败。

终于,他忍耐不住内心的失望与愤怒,把球拍狠狠地摔在地上。随后,他躺倒在训练场上,掩面啜泣起来。

见此情景,他的教练走上前去,严肃地质问他:"你为什么要摔掉球拍?"

他被教练严肃的表情给震住了,讷讷地说:"我恨自己的技术一直没有长进,这么长时间来总是输球。"

此时,教练脸上的神情丝毫没有放松,继续问道:"你首先应该清楚这是国家队,这里高手如云!难道你摔掉球拍,便可以赢得比赛吗?"

他听了之后,竟无言以对。

于是,教练便带他一起到场外散

步。这时候,教练说话的口气温和了许多:"当你面对一个强大的对手时,你会怎么选择呢?"

他思忖了一会儿,没有立即回答。

教练对他解释说:"你只有3个选择——第一就是闭上眼睛,任由对方凌虐;第二就是像你刚才那样,摔掉手中的球拍,发泄内心的愤怒;还有一个,就是你可以选择举起球拍,用壮士赴义的心态去面对这要命一球。但是,请你记住,只有最后一个选择,才有可能给你一个扳回的机会!"

说完这些话,他的教练头也没回地离开了。那个晚上,他失眠了,一直在回味着教练对他说过的那句话。

他恍然醒悟过来。在以后的训练中,他没有选择保守和怯懦,也没有选择愤怒和浮躁,而是选择用勇气和毅力,去面对对手扣出的每一个死球,并认真地对自己技术上的失误进行研究和分析。

他的球技出现了质的飞跃。后来,他屡屡在一些国家级和世界级的羽毛球大赛上获得优异成绩。

从现在起,就需要你鼓起勇气,努力排除一切阻碍你脚步的消极因素,学着去适用和改变恶劣的环境。失败了没有关系,只要你不丢掉自信和勇气,一切还可以重来。

因此,你必须学会乐观起来,任何事情,你都应该往成功方面想,而不可以整天唉声叹气地思虑失败后的处境会多么凄惨。

第二辑　爱情是如此美丽

　　爱是生命，生命是为了爱！当我们能为爱牺牲生命时，就表现出了百分之百的爱，因为牺牲的是百分之百的生命。我们应该感谢上苍，让我们拥有许多爱，爱自己、爱亲人、爱朋友、爱大地、爱生命。每个爱都是真真实实的、完完全全的，且愈爱愈深、永永远远……

27. 当爱成为一种习惯

那是一场火灾逃生演习,火灾模拟现场被安排在5楼的一间教室内。当时,身为班主任的她,紧张而有序地指挥着自己的学生,用手帕或衣服掩住嘴和鼻子,俯着身子,急匆匆地跑下楼道。当她确定最后一个学生的身影,已消失在楼道转弯处的时候,她才扯身往楼下跑。

当她快要跑下3楼的时候,由于紧张,脚底下一滑,竟从楼道的台阶上摔下来。她欲爬起来,右脚腕却传来一阵钻心的疼。她又重重地跌倒在地上,眼泪差点流出来。

他,是这次火灾逃生演习的总指挥。因而,他也是最后一个逃离火灾现场的。当他跑到3楼的时候,吃惊地发现了仍坐在台阶上等待援助的她,便厉声指责道:"你为什么还没有

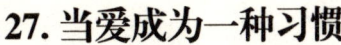

滴水藏海

在滚滚红尘之中,有那么一个人,就在你需要爱的时候爱了你,而你也爱了他(她),这是一种极难得、极美丽的缘分。当你遇到的时候,就应该好好地把握。

离开？！"

她指了指自己的脚腕，一脸痛苦地说："我的脚腕——"

她的话还没有说完，便被他的吼声打断了："你这是在拿自己的生命开玩笑！刚才就是爬，你也要爬出去！"

此刻，她用一种饱含委屈的眼神看着他。他犹豫了片刻，才抑制住自己冲动的情绪，毕竟这只是一次演习。他俯下身子，沉稳地说："来，我背你下去。"她颇有些难为情的，用手攀住他那宽厚的肩膀。

当他背着她跑下楼来的时候，她的那些学生"呼啦"一下围了过来。他将她轻轻地放在地上，然后仔细地查看她的伤势。她的脚腕处肿胀得像面包似的。他娴熟地为他做着按摩，她咬紧牙关，眼里的两洼泪水在打着转儿，但始终没有落下来。

他有些内疚地说："对不起，我刚才不该对你发那么大的火气。"

她的脸上却露出感激的笑容，而后说："那是你的责任。"

他，是一位有着七八年火场抢险

> 爱情中最少不得的便是承诺，爱的誓言燃烧在爱人的胸口。但是，这爱的誓言不仅要听在耳里，暖在心里，还要落实到行动上。

经验的消防指挥员。因而,即使一场模拟的火灾演习,时间的概念在他的眼里也会变得异常严峻。

他俩就这样相识了。

她第一次约他吃饭,他竟然迟到了一个小时。当时,他刚完成了一场火灾扑救任务,然后胡乱地抹了几把脸,换上衣服,便匆匆赶来赴约。当他略显拘束地坐在她面前的时候,一种淡淡的毛发焦糊的气味,掺杂着烟尘的异味,扑到她的面前。

她目不转睛地看着他,继而,"扑哧——"一下笑出声来,只见他额前的头发像被什么东西啃过似的,凹凸不平。他不好意思地挠了挠头,然后告诉她,他们刚刚在附近一家火锅店里扑灭一场大火。当时,在其中一个房间里存放着五六个液化气罐,它们万一发生爆炸,后果将不堪设想。

于是,他率领几名队员冲进火海,将那几枚"定时炸弹"抱了出来。尽管他描述得异常轻松,她仍然被惊得目瞪口呆,那一双大大的眼睛一直盯着他,好像要把他牢牢捕捉到心里。

其实,落实在行动上的承诺一点都不复杂,每天给她一个轻轻的拥抱,一句关切地问候;在他劳累的时候,给他冲一杯咖啡,或者按摩一下脊背;在她热的时候,为她买一盒冰淇淋;在他冷的时候,为他添一件衣服;在她委屈的时候,为她擦一下眼泪……

他被她的表情逗乐了,而后用手指在她的鼻子上轻轻地刮了一下。

她心有余悸地问道:"它们万一爆炸了呢?"

他挥了挥手,信心十足地说:"怎么可能呢?处理这样一点小事情,对于我们来说易如反掌。"

那一刻,她被他脸上的坚毅和自信给彻底打动了。她也坚信,眼前这个男人,就是她一直在用心等候的人。

不久,她和他举行了婚礼。

在新婚之夜,他跟她约定好了,以后再也不许她缠着他,讲那些火场上的经历。当然,交换的条件是,他每天上班和下班的时候,都要送给她一个拥抱,然后在她的耳边说一声:"我爱你。"

以后,他在上班的时候,不管走得多么匆忙,下班回来的时候不管多么晚,他总是忘不了先前的约定,像西方爱情剧里的镜头一样,上前抱一抱她,然后说一声:"我爱你。"

他说话的声音很低,只有他俩能够听得清楚。有些时候,他甚至故意在

> 这些一点都不难,而且简单易学,一点就通。你千万不要因为它太过于简单初级而轻视它,无言的承诺,才是爱情中能量最大的"增温剂"。

她耳畔哈几口热气,痒得她咯咯直笑。

她已经习惯了他身上的那种特殊的气息,淡淡的烟熏味,即使沐浴露的芳香也遮掩不住。夜里,她只有枕在他的臂弯里,将自己完全融入那一种气息的时候,才会踏实地入梦。

然而,在白天的时候,她的心里总是有一种挥之不去的牵挂。她总是忍不住想找一个时间,给他打一个电话,或发一个短信,问一下:"你在做什么呢?"

他即使在出警的途中,也会轻松地告诉她:"我和同事在健身房里打乒乓球哩。"然后,他用手指轻轻弹几下消防车窗的玻璃,模仿乒乓球弹跳的声音。她当然明白,他在故意骗她。可是,她情愿一次又一次接受那种被骗后的感动。

在女儿5岁生日前的那个晚上,他很晚也没有回来,而且手机一直处在关机的状态。突然,她有一种不祥的预感。临近半夜的时候,一个陌生的手机号码打进来,里面传来一个沙哑的声音:"我……爱……你……"然而,她在瞬间就辨别出来,那是丈夫的声音,里面还有救护车尖利的呼叫声。

她发疯似地回拨那个号码,可是一直无人接听。约摸在一个小时之后,那个号码终于接通了,原来对方是他的一位同事。刚才在救护车上,也是那位同事替他拨通了家里的电话。

几个小时前,他们进行了一场严重火灾的扑救。他和同事为了抢救一个被"火魔"围困的儿童,失足从高处跌了下来,现在正在医院进行抢救……

经过医生紧急抢救,他最终苏醒过来。

她守在他的病床前,紧紧攥着他的手,强忍着内心的伤痛问:"出事的时候,你为什么不让同事及时告诉我?"

他平静地说:"当时,害怕你担心。"

她继续问:"那你在救护车上呢?"

他微笑着说:"当时,我是怕自己活不过来,再也没有机会跟你说那句话了。"

此时,她再也抑制不住自己的感情,失声哭了起来……

28. 幸福像花儿一样芬芳

我去医院探望一位朋友，特意到花店去买了一个漂亮的花篮。朋友刚手术完不久，恢复得还不错。我将那个花篮放在她病床旁边的一个小几上。消毒水的味道，仍掩饰不住花篮里的鲜花释放出的芳香。

朋友让我帮忙，从花篮里抽一束鲜花，送给一个病床紧挨着窗户的女孩。我能够觉察出，坐在病床上那个略显腼腆的女孩和守在旁边的男孩是一对恋人。

我抽出几枝满天星和一枝百合递给他们。女孩一脸感激的微笑，男孩则笑容可掬地接过去，没有推辞。

他将那一束花，插在女孩床头那个盛满清水的玻璃杯里。玻璃杯里原先插着一枝粉红色的月季花，已经有些枯萎。

> **滴水藏海**
>
> 如果有人要问，世界上最有力量的是什么？那就是爱！

> 人生是一段旅程，无论多么艰辛、劳累和委屈，人们大都能付之一笑。但是，最难忍受的就是因为缺失爱而萌生的孤独。尽管在有些时候，爱情也意味着体验痛苦，但仍然令人向往不已。

我笑着问他:"你是从哪儿摘的呢?"

男孩听了,有些不好意思地挠了挠后脑勺说:"这是我趁买饭时,在楼下的花坛里偷偷摘的。可是在前两天,被人家管理员发现了,挨了一通训,我就再不好意思摘了。她平时最喜欢花,都蔫成这样了,还不舍得扔。"

于是,我提醒男孩,在附近有一家鲜花店,里面什么样的鲜花都有。而且还可以加一点钱,让店主配一些营养液,那样鲜花存放的时间会更长一点。然而,男孩听了之后,他并没有感到多大惊喜,他只是尴尬地笑了笑。

这时候,女孩提议让男孩扶她到外面的走廊里活动一下。男孩俯身从床底下拿出一双棉布拖鞋,两只鞋对着轻轻碰了两下,他显然是担心拖鞋里不小心掉上异物,扎伤女孩的脚。他将拖鞋放到地上的时候,仍有些不放心地将手伸入里面试了试。之后,男孩才小心翼翼地将女孩搀扶下床,她行动起来仍然有些吃力,显然曾经伤得不轻。

待他俩出去之后,朋友才告诉我,

> 人会长大,但不一定成熟。只有经历了爱情的洗礼,你才会变得更加成熟。假如你没有勇气体验爱情的百味,你的人生就不会完整。

他俩都是从外地来这打工的。一个多月前,她独自外出购物时,不幸遭遇了车祸,而肇事司机却逃离了现场。因为算不上工伤,公司只能给她报销一部分医疗费,剩下的大部分医疗费都是由他们自己承担。前一段时间,男孩的父母来过一趟,催促男孩尽快跟她分手。因为医生说过,她即使完全伤愈,腿部也会留下残疾。他们不会接受一个残疾女孩做儿媳,女孩也主动对男孩提出分手,她不想为此连累他一辈子。然而,男孩对自己所做出的决定丝毫没有动摇。

此刻,我才知道他俩的处境。

朋友同情而又钦佩地说:"那个男孩怎么能不知道附近有一家鲜花店呢?每天都会有人手捧鲜花来探望病人呀。"

继而,朋友跟我讲了一件发生在病房里的事情:

朋友刚入院的时候,见他俩吃饭,女孩的饭盒里总是有香喷喷的肉丝和炸鱼啥的,而他总是看着女孩吃饭之后,他才吃。

> 爱的世界很宽阔,容得下等待、忍让和理解。爱,可以使冰冷的雪山焕发出生机;爱,可以使荒凉的沙漠布满绿洲;爱,可以让整个世界充满歌声。

男孩的手中,总是一个馒头,外加几块咸菜条。很多时候,男孩就是一边喝着白开水,一边跟女孩开着玩笑,便咽下了手中的馒头。

因为不明真相,朋友曾在一旁善意地提醒过她:"陪护可不是一件轻松的事儿,你应该让他多吃一点菜,补充一下营养。"

女孩听了之后,泪水就止不住流了出来,她哽咽着解释说:"开始,我也不肯这样。只要他不吃,我也就不吃。可是他非常生气地告诉我——现在每一分钱都必须花在刀刃上,你如果真正体谅我,就不要在意这些,养好身体,早一些恢复出院,以后再补偿我。就从那一天起,我在心里告诉自己,他已经把心交给了我,还会在意这一点吗?我只有使身体尽快好起来,早一些出院。然后,我就可以继续工作,用自己亲手赚的钱,为他做最好吃的菜,一辈子都这样。"

我听到这儿,眼睛有些湿润了。

朋友和其他两个病友,除了同情他俩眼前的处境,也为他俩真挚的爱

> 爱,是人性中最耀眼的光芒;爱,是茫茫戈壁中的一泓清澈的甘泉;爱,是冰天雪地里的一盆炭火;爱,是漫漫长夜中闪烁在天际的启明星。

情而感动不已。于是,他们三个和家人在背后商量决定,他们再去买饭的时候,会按照事前商定的顺序,为男孩也买上一份。刚开始,男孩有些难为情,执意不肯接受。慢慢地,他被大家的真诚给感动了。

在病房里,男孩总是闲不住,他会抢着替病人家属为病人倒痰盂、打开水,或热心地搀扶病人一起到CT室或化验室做检查。凡是他力所能及的事情,他都会主动去做。

从病房出来的时候,我在走廊里见到了那一对年轻的情侣。女孩好像走得有些累了,便坐在椅子上休息。她把脸埋在男孩的胸前,上面溢满了幸福的微笑,就像绽开的玫瑰花一样,看不到一丝阴影和痛苦……

> 一个人只要有爱做陪护,什么样的痛苦和磨难都能够承受。爱,会使你的心中开满了幸福的花朵!

29. 悬在空中的爱,永无止境

那时候,他俩结婚还不到半年。她的身体逐渐出现不适,后来竟被诊断出患上恶疾。在医生的建议之下，他最终还是忍痛将真相告诉了她。

她听了之后，就像一个受到惊吓的孩子似的，紧紧地抱住了他，身子在不停地颤抖着。泪水，浸湿了他的衬衫。而他却紧紧地拥住她，始终没有让眼泪流出来。他一边抚摸着她抖动的脊背，一边安慰她说："不要害怕，天不会塌下来。医生说过，只要经过手术，你的病完全可以康复。"

在他的鼓励下，她同意接受手术。在她手术的那天，他就像一棵树，始终站在手术室门口的走廊里，没有离开过半步。当他看到主治医生带着一丝笑容从手术室里走出来的时候，他悬空已久的心终于落了下来。继而，他全身瘫软地坐在走廊的地上，泪水夺眶而出。

她的手术很成功，但也花掉了他俩这几年打工积攒下来的所有积蓄。而且以后每天，她还必须服用一些价格不菲的药物，进行手术后的康复治疗。

他是在一家大型购物超市里做保安员，每月只有1200元的薪水。为了

滴水藏海

真正的爱情，是需要两颗心在人生的道路上彼此珍惜和包容的。不仅能够在一起品尝幸福和甜蜜，而且还要能够在一起沐风浴雨、共担苦难。

省钱,他俩退掉了先前租的房子,跟一对同样来自农村打工的中年夫妇,合租在一间狭小而阴暗的平房里。

这样,他们每月可以比以前节省下300元的房租。即使这样,每月的医药费,仍使他俩有些吃不消。她多次催促他,让他在外面帮她重新找一份工作,然而都被他断然拒绝了。

那对合租的中年夫妇很同情他俩的遭遇,他们在做了饭菜之后,总要往盘子里拨一些送给他俩。因此,她经常被感动得偷偷落泪。

他几乎每次下班回来,手里总会拿着一个快餐盒,里面会有两块排骨,或者油炸鸡腿和刀鱼啥的。她心里清楚,那是他在午餐的时候不舍得吃,偷偷为她留下的。

有一次,她看着他消瘦的面孔,忍不住哭了,而后哽咽着说:"看你,都累成啥样子了。我是一个闲人,吃啥都无所谓。"

他却故作糊涂地摸了摸自己的面颊,朝她扮了一个鬼脸,笑着说:"其实,现在难过的应该是我。你的身体

当你真心去爱一个人的时候,你会将对方的笑脸、眼泪和忧伤统统地装进你的心里。为了对方的幸福与快乐,你会选择无条件地付出。

还没有好利索,却要跟着我受委屈。现在最重要的,那就是你的身体。等你的身体康复了,咱就要一个孩子。你最好给我生一个女儿,长得就像你一样漂亮。"

那天,他偶然看到一家保洁公司招聘高空清洁工的启事,便决定前去试一试。面试这一轮,则是由那家公司的经理亲自把关。当时,那家公司的经理见他进来之后,便微微地点了点头,而后只问了他一个问题:"你的胆气大吗?"

他却笑着反问那位经理道:"我7岁的时候,就敢攀到10多米高的杨树梢上去掏喜鹊蛋,您说我的胆气是大是小呢?"

那位经理被他的回答给逗乐了,随后,便安排工作人员带他去体检。当体检通过的消息出来之后,他竟然有些激动不已。尽管他清楚自己先前所说的,只不过是一句吹牛的话。他接下来将要从事的,就是那种被人们称为"蜘蛛人"的高空危险工作,可是他毅然辞掉了那份做

爱,是一种责任;爱,也是一个定义。甚至有些时候,爱情需要你用一生来诠释。如果你爱了,就认认真真地去爱吧,用你的体温和热情去温暖对方,用你的行动将爱情装扮得愈加美丽!

保安员的工作。

经过一段时间的培训之后，他终于盼来上岗这一天。他第一次上楼工作，是跟几个同事负责清洗一幢12层楼高的玻璃外墙。他刚上去的时候，低头看到马路上来来往往的汽车都变成了火柴盒大小，感觉身体陡然失去了依靠，一颗心顿时提到了嗓子眼，紧张得连干活的心思都没有了。他粗粗地清洗一遍，就赶紧松绳子往下降，可是每松一下绳子就冒出一身冷汗。直到所有的活都干完，双脚着地的一瞬间，他悬着的心才落下来。

当他站在楼下，仰望着高高的楼层时，竟然忘记了擦拭额头上的汗水。他甚至怀疑，自己刚才是从上面一点一点地降落下来的吗？此时，他的心里竟萌生出了一些犹豫和胆怯。

然而，这个念头，很快便被妻子那忧郁的眼神给打消了。因此，他坚持了下来，并成为一名跟其他同事一样出色的"蜘蛛人"。每到月底，当他把3000多元的薪水交到她手中的时候，心中便会产生一种莫大的欣慰。他一直隐瞒着她，而她只知道他从事的是一份又脏又累的保洁工作，从来没有将他跟高空作业的"蜘蛛人"联系到一起。

那天晚上，她从当地的一份晚报上面偶然看到这样一则新闻：一名高空作业的"蜘蛛人"，因为保险绳断裂，从20余米高的楼层跌下来当场死亡！

她叹息了一声，难过地说："这样危险的工作，怎么还有人去做呢？"

他认真地说:"这次事故,肯定是他们老板的责任。按照安全操作要领,高空作业是应该系两根保险绳的。而他们的老板不舍得花钱,只让他们系一根保险绳,怎么能不发生意外呢?"

她疑惑地问:"你是怎么知道的呢?"

这时候,他才意识到自己说漏了嘴,赶紧拿起报纸将那则新闻扫了几眼,解释说:"你看,报纸上不是写着那名'蜘蛛人'当时就系着一根保险绳吗?"

她再次叹息了一声。

后来有一次,他故意试探着问她:"你觉不觉得那些'蜘蛛人'的工作,就像电影里的'蜘蛛侠'一样潇洒呢?"

她惊讶地叫道:"潇洒?!'蜘蛛侠'是虚构的。你看那些'蜘蛛人',虽说是一个人在外面工作,可是全家人的心都会被他们牵去!"

从那一刻起,他才彻底打消了将工作真相告诉她的念头。

那个下午,她从一家商场里走出来,蓦然发现在对面一家宾馆的半空中悬挂着4个"蜘蛛人"。他们正娴熟地挥动着手中的清洗辊,清洗着宾馆外面的玻璃墙壁。尽管他们距离地面仍然有10多米的距离,但她仍然发现其中有个身影是那么熟悉。

她疾步朝宾馆的方向走过去,她终于看清楚了,那个熟悉的身影不就是自己的丈夫吗?她仰着脸,木雕泥塑似地怔在那儿。她恍然明白过来,继而,整颗心怦怦地乱跳起来。这时候,她真想用尽全身的力气喊他下来,然而她却不敢开口。她感觉自己的嗓子眼好像被什么东西堵住了似的,在慢慢地窒息。

她就这样站在楼下,注视着他一点一点地降落。约摸过了一个多时辰,直到他的双足落地之后,她才发疯似地冲了过去,紧紧从背后抱住了他,并哭喊着用拳头敲打着他的脊背:"你为什么骗我?!你为什么骗我?!……"

他愣了一会儿,继而明白过来,他一边用手拽了拽系在腰间和坐板上的两根保险绳,一边轻松地笑道:"你怎么跟个孩子似的呢?你看,我不是系了两根保险绳?百分之百的安全。"

她急切地恳求道:"答应我,咱另找一份工作好吗?"

他仍笑着说:"刚才你都看到了吧,我是否比'蜘蛛侠'还要潇洒呢?现在,我跟他们一样,干这活儿都上瘾了,哪幢楼越是高,越是抢着往哪幢楼上爬。再说,为了你,我即使悬挂在 1000 米的高空上,也不会害怕的。"

此时,暖暖的阳光洒在洁净的玻璃墙壁上,也洒在她泪花盈盈的眼睛里……

30. 真爱是从华丽到朴实的转变

某电视台，制作了一档非常有趣的节目——"黑暗约会"。

节目的现场，被安排在一个宽大的会场里面。主持人将30对未婚男女嘉宾，分成男士与女士两队并隔离。他们都未见过面，中间隔着一条黑色的布幔。然后，主持人发给他们每人一个带号码的荧光牌。

随着主持人一声令下，会场里的灯光全都熄灭了。这时候会场里漆黑一片，布幔被人撤走。那些参与的嘉宾凭借着荧光牌发出的微弱亮光，来辨别对方的性别，并邀对方单独找一个地方聊天。

过了半个小时之后，那些男女嘉宾渐渐适应了黑暗的环境，气氛逐渐活跃起来。他们开始一对一地畅谈起来，而且越谈越热烈。两个小时之后，

滴水藏海

对待婚姻，人们往往过于追求那种虚无的浪漫。男的希望对方温柔漂亮，女的则希望对方英俊潇洒，却忽视了心灵的交流。

主持人让女嘉宾首先退出会场，现场只剩下那些男嘉宾。

　　灯光亮了，主持人发给他们每人一张答题卡，上面的问题是：根据刚才的感觉，你同意跟交谈的"女友"建立正式恋爱关系吗？答案有3个，"同意"、"不同意"和"有待考虑"。

　　答案出来之后，只有2票选择"不同意"，另有5票选择"有待考虑"，其他剩下的23票都选择同意与对方建立恋人关系。随后，主持人让他们各自按照刚才交谈的序号，找到刚才交谈的"女友"，再做一次短暂的交谈。

　　然后，主持人又发给刚才那30位男士每人一张像先前一样的答题卡。答案出来之后，竟然变成了15票"不同意"，11票"有待考虑"，只有4票选择了"同意"。

　　两个结果比较一下，足以证明人们在选择配偶时，往往会陷入一个误区：人们容易把心灵之间的交流抛在脑后，而受到自己内心的欲望和幻想，以及对方容貌等表层东西的左右。

　　曾经读过这样一个故事：女主人

　　有些婚姻从表面上看像华丽的绸缎一样亮丽惹眼，令人羡慕。但因为它背离了婚姻的潜规则，那一份没有坚实和朴素基础的感情就会在意外打击之下，陡然变得脆弱和苍白。

　　婚姻的潜规则就是，当麻烦来临的时候，丈夫首先应该让妻子明白，他这个"先锋队员"比起所有小说中的英雄都要真实可靠。而且做丈夫的，更要懂得时时做妻子的后盾，不只碰到大事才偶尔为之，就连日常生活中的小事也应该如此。让对方知道——不论是碰到小危机或大变故，你永远与她站在一起！

公是一个聪明、漂亮的盲人，她结识了一位诗人。她为他的作品而感动，并深深地崇拜着他。后来，他俩结婚了，她还为丈夫生下了一个女儿。尽管她看不到丈夫和女儿的面容，但她能够想象得到。因此，一家人生活得非常幸福。

一个偶然的机会，诗人发现妻子的眼睛经过手术之后，有很大的希望可以复明。在丈夫的鼓励之下，她去做了手术。果然，她的眼睛见到了光明。然而，生性浪漫的她却发现丈夫长相竟然如此丑陋：冬瓜脑袋，金鱼眼睛，酒糟鼻子还塌陷着，整个人看上去就像马戏团里的小丑。

她非常失望，内心里则认为丈夫用那些虚伪的诗句欺骗了自己。她对丈夫的感情日渐冷淡。终于有一天，她经受不住一个富家子弟的诱惑，与其私奔了。然而，过了不到两年，那个富家子弟便另有新欢，将她抛弃。

那一刻，她才明白这个世上最疼爱自己的，就是先前的丈夫。她痛悔不该去做那一次手术，尽管她获得了

> 真正幸福的婚姻旅程，是从华丽回归到现实，彼此之间懂得用心灵来交流，像黑暗中的约会一样，坦诚相待！

光明，但却失去了一生的爱和幸福。现在，她甚至情愿用生命来作为交换的条件，使自己能够重新回到以前的黑暗中去。

31. 浪漫是一种平凡中的升华

在他住的楼对面，有一个小小的街市，每天都会有一些卖小吃或杂物的摊贩聚集在那儿。自从去年冬天离婚之后，他就独自居住，很少在家里开灶。中午，他在公司里吃，早晚则喜欢到对面的街市上花3元钱买一份煎饼馃子。他喜欢吃煎饼馃子，而且是固定到一个摊子上买。

摊煎饼的是一个肤色黝黑，眼睛大大的外地女孩。她把煎饼炉子安放在一辆人力三轮车的车兜里，这样方便移动。她摊煎饼的手艺非常娴熟，在他看来那简直就是一门艺术。她用勺子舀一勺面糊泼洒在涂了油的平底锅上，然后用一把铲子轻巧地刮动着。

滴水藏海

恋人之间的爱，是刻骨铭心的，那是一种独一无二的爱。它不允许掺有任何的杂质，就像水一样透明，又像酒一样浓烈。

伴着"嗞啦、嗞啦"的声响,煎饼的轮廓便出现了。在煎饼半生半熟之时,她敲碎一个鸡蛋,将蛋液均匀地涂抹在煎饼上面。

待熟后,她会在煎饼里面卷上蘸了甜面酱的生菜叶。不过,他更喜欢在煎饼里卷上一根蘸了花生酱的大葱,或者再多花上5角钱,在里面卷上一根蘸了辣椒酱的小香肠啥的。

或许是因为习惯了,早晨只要他一从楼道里出来或者是下班回来,只要一看见他的影子,她便埋头摊起煎饼来。当他走到近前的时候,她已经把一个热气腾腾的煎饼馃子包好,而后微笑着递到他的手中。而令他感到奇怪的是,几乎每次他想换什么样口味的,待他咬开煎饼馃子之后,里面所包的正是他想吃的。

有一次,他故意跟她开玩笑说:"咱俩签一个合同吧,你一辈子给我摊煎饼吃如何?"

她听了之后,双颊上泛出了淡淡的红晕,爽声道:"行呀,只要你保证永远吃不够,我就跟你签。"

一生能够找到一份真爱很不容易,当你遇到的时候,就不要犹豫,一定要牢牢地抓紧,不要错过任何机会。你更应该清楚,如果现在不抓住,也许一切都会随之改变,在这个世上是没有后悔药可吃的。

继而,她垂下头去,略显拘谨地问:"我猜你很少在家做饭吧?"

他点了点头,自嘲道:"我是一个人吃饱,全家不饿,还浪费煤气干啥呢?"

两人哈哈笑了起来。

那段时间,他所在的公司连续加了一个月的班,再加上大学时患上的胃疼病又犯了,他整个人消瘦了一圈。而她摊的煎饼馃子,不知不觉竟变换出许多口味。有几次,他咬开的时候,发现里面竟是一些切细的羊肉丝。

有一天早晨,他因为胃口差,便将那份煎饼馃子带回公司里。一位女同事看了之后,询问他价钱。当听他说3元一份之后,她的眼睛瞪得老大,惊讶地说:"这怎么可能,那个摊煎饼的莫非精神不正常吧?我看里面至少摊了两个鸡蛋,更不用说里面的羊肉丝了,就是10元一份也值呀。"

他好像一下子被同事的话语给点醒了,恍然意识到了什么。

第二天早晨,当他从她手中接过那个滚热的煎饼馃子时,忍不住把同事的那个疑问告诉了她。此时,她的面孔一下子变得通红,像被别人揭开了一个重大秘密似的。她的神情慌乱了许久,才稳定下来,然后反问道:"我不赚钱,怎么会卖给你呢?"

或许是为了竭力掩饰内心的尴尬,她竟然冒出这样一句:"你怎么还没有结婚呢?"

他说:"我有个3岁的女儿,现在跟她的妈妈一起过。"

她若有所思地点了点头,问道:"你们为什么分手了呢?"

他自嘲地说:"她嫌弃我缺少浪漫的滋味。"

她咯咯地笑了起来,用不可思议的口吻说:"浪漫怎么还会有滋味呢?"

随后,两人的谈话便被前来买煎饼馃子的客人给冲断了。

不久,一位同事给他介绍了一个名叫卉儿的女孩。那是一个长相和打扮都显得有些狐媚的女孩。每天早晨,他像先前一样买一份煎饼馃子,而晚上却回来得很晚。那个摊煎饼的女孩,也好像意识到了什么。

那个傍晚,一个狐媚的女孩和他从一辆出租车里下来,并紧紧地挽着他的胳膊走来。她远远就看到了他的身影,有些慌乱地俯身摊起煎饼来。在她俩经过的时候,她招呼他过来拿那个煎饼。

卉儿惊讶地问道:"她怎么知道你要买呢?"

他说:"以前每天早晚,我都要到她的摊子上买一份,已成习惯了。"

卉儿却皱起了眉头说:"那些乡下人做的东西很不卫生,以后可不许常吃。"她说完,硬拽着他的胳膊走开了。而她手捧着那个煎饼馃子,木然地站在那儿。

4个月后,也就是在他请假陪卉儿去海南旅游回来的第5天,他决定跟卉儿提出分手。因为他知道,卉儿对浪漫滋味的追求,比他的前妻不知还要苛刻多少倍。

那个早晨,他想到楼下去买一份煎饼馃子。可是,他没有发现她的影子。她先前摆放三轮车的位置,已经被一个卖水果的商贩占去了。他的内心忽然生出一种莫名的失落。

一连数天,他都没有见到她的影子。终于有一天,他忍不住跟一位经常在这儿摆摊卖炸货的中年女人聊了起来,并询问她的去向。

那个胖胖的女人告诉她说:"前些日子,她回老家去了。"

他急切地追问道:"你知道她什么时间回来吗?"

那个妇女摇了摇头说:"这很难说,我听她说,她的父母在老家为她订了亲,一直催她回去结婚。这次,她就是回去结婚的。"

此时,一种更大的失落感涌上他的心头。他忽然发现,对于他来说,那一份份煎饼馃子的芳香,不就是最浪漫的滋味吗?

32. 灿烂在心灵深处的荷

他和女友相识已有一年。她在生日前的一天跟他商量,她准备在生日的那个晚上,邀请她的那些"死党"到家里来,举行一个生日PARTY。

然而,就在女友生日的那个晚上,他所在的公司里有一项紧急业务要与客户洽谈。因此,他只能非常抱歉地给她打去电话:"对不起,今晚我们公司有一件十分重要的事情要做,我可能没有时间参加你的生日PARTY了。"

她听后,沉默了好长时间,他能够感觉到她一定很委屈。因为,她有意筹办这个生日PARTY,无非是为了他能够与她的那些"死党"全面地接触一下。之后,她用愤怒的口气质问他:"我重要,还是你的工作重要?!"然后,她"啪"地一下扣了话机。自然,缺少了他这个"男主角"出席,她的

> **滴水藏海**
>
> 爱情的分量是无价的。当你把那一片真挚的爱印在心里的时候,即使有人用万两黄金和一座开满玫瑰花的庄园作为交换的条件,你也不会轻易把爱从心头抹去。或许,这就是爱情的伟大。

生日PARTY几乎是不欢而散的。

第二天，他来到女友家，准备当面向她道歉。她的母亲见他进来，悄悄告诉他说："昨晚，她喝酒了。"他知道她一定是因为他的失约，而跟他怄气。他走进女友的卧室，她已失去了往日的热情，只是冷冷地问道："你知道昨晚，我有多么尴尬吗？"

他慌忙笑着解释说："昨天的那项业务，也许会关系到我们公司下半年的订单。老总已下了死命令，业务人员一个都不能缺席。"

她并没有因为他的这一番解释而原谅他，她把生日前他送给她的那枚精美的钻戒退还给了他。在以后半个多月的时间里，她一直借故躲避着他，两人的关系处在僵持之中。

那天晚上，他又去找女友，她仍是先前那种态度。而她的母亲早已觉察出了他俩之间感情的变化，她把他俩叫到面前，给他俩讲了这样一个故事：

那是在很多年以前，在城里有一对非常相爱的年轻人。有一年春天，那个男孩主动要求下乡插队，到一个穷僻的

> 生活中，人们往往会错过很多东西。不论是有心的，还是迫不得已的，有时候错过了，纵使你倾尽一生也无法挽回。

山村里去锻炼。就在他临行前的几天,那个女孩也下定了决心跟随男孩一起去插队。

于是,他俩就一起插队来到了那个穷僻的山村里。当时的环境很苦很累,一直在父母身旁娇生惯养的女孩感到有些吃不消。但是,因为有了男孩相陪,她才一天天地坚持了下来。记得那是在女孩下乡后的第一个生日来临之时,男孩许诺要送给女孩一件神秘的礼物。可是,就在女孩生日的那一天,男孩偷偷饲养在宿舍里的那只翠衣鹦鹉意外地死了。那是他在山里伐树时,费尽劲心思才捕捉到的。

傍晚时分,他俩约好在山下那个大大的荷塘边见面。当时,正是荷花盛开的季节,满塘浮动着翠绿的叶子,一朵朵娇艳的荷花像一张张漂亮女孩的脸蛋,沉浸在迷人的晚霞里。

男孩非常歉疚地告诉了女孩,他准备送给她的神秘礼物是一只翠衣鹦鹉,可是不知为什么它竟死去了。女孩听了,感到很失望。她就默默地注视着满塘的荷花,眼里竟涌出了泪水。

爱情的珍贵,也正是如此。既然,你已经把真诚的心交付给他(她),那就不要因为他(她)一次无意的过失而伤心指责。爱情,不仅需要相互包容和关爱,更重要的是,彼此都要给对方留下一个自由的空间。

其实，女孩此时心里是在思念远在城里的父母。然而，男孩却误认为是自己的失误伤害了女孩，他竟一时不知所措。

忽然，女孩指着荷塘里一朵洁白的荷花，自言自语道："看它多么美丽呀。"男孩听了之后，毫不犹豫地脱掉外衣，一个鱼跃跳入了荷塘里。他是想摘下那朵荷花，作为生日礼物送给女孩，以弥补自己的"过错"。

男孩毫不费力地游到了那朵荷花的近前，当他掐下那朵荷花准备返回时，他的身子蓦然被什么缠住了。他拼命地挣扎了好长时间，身体便朝水下沉去。女孩被眼前的情景惊呆了，她疯狂地呼喊着男孩的名字。附近的一些庄稼人循声赶来，但直到第二天凌晨，男孩的尸体才被人们从塘底的淤泥里打捞上来，原来，他的腿部是被纵横交错的水草给缠住了。

可是，男孩的手中仍紧紧地攥着那朵洁白的荷花。花瓣上的水渍，仿佛是荷花哭泣的眼泪，无声地滴落在女孩的心里……

珍惜手中的爱情吧，不要等到失去之后，才悔恨从前的自私和无知。

他俩听到这里,都被她母亲所讲的这个故事感动了,而她母亲的眼角也早已涌出了两行晶莹的泪水。

她一边拭着眼角的泪花,一边急切地问母亲道:"那个女孩后来怎么样了?"

她的母亲轻轻地叹息了一声,说:"本来那个女孩很早就可以返回城里,然而她又坚持留在那个山村里陪着男孩,直到男孩的骨灰被他的父母带回城里安葬。你们也要记住,不要因为一朵美丽的'荷',而错失了终生的爱情。"

第二天清晨,她忽然主动给他打来电话,这令他备感惊讶。她声音幽幽地问:"你还记得昨晚,我妈妈讲的那个故事吗?"

他感慨地说:"它就像是一首浪漫而悲壮的爱情诗。"

她声音激动地说:"你知道故事里的那个女主角是谁吗?——她,就是我的妈妈。她把这一段隐藏在心底近30年的痛苦往事说出来,是需要多大的勇气啊!我知道妈妈讲这段往事的用意。现在，原谅我先前对你的冷淡好吗？我不想为了那一朵美丽的'荷'，错失了你一生的爱。"

此刻，他能够感觉到，女友在说这些话的时候，眼里一定饱含着真诚的眼泪。

33. 奇迹在爱的召唤下降临

"轰隆——轰隆——"

随着一声声沉闷的巨响，汹涌的泥浆喷涌入漆黑的矿井里。一名老矿工惊恐地喊道："矿井透水了！大伙赶快逃命啊！——"

在一阵慌乱之中，他跟大伙跑散了，独自闯入一个已经废弃的矿道。转瞬之间，冰凉的泥浆已经没到他的胸口，而他却不会游泳，只能呆在原地，任凭泥浆一点点地升高。

已经不知过了多久，他的身体只有头部露在水面外。如果水位再继续升高，那他只有死路一条了。

> 滴水藏海
>
> 爱情的主题永远都是高尚和值得歌颂的，所以那些有关爱情的传奇故事才能够一辈又一辈地流传下来。

在死寂的矿道里,除了水流和他牙齿颤抖的声音,他几乎再听不到任何声响。他并没有绝望,仔细聆听着矿壁四周的动静,期望自己能够被下井救援的队员们发现。

已经不知站了多久,他感到浸泡在水中的身子已经失去了知觉,又累又饿。此时,他能够意识到,只要自己松一口气,就会倒在水中,永远也不会有机会站起来了。

他的手朝胸口摸去,碰触到一个硬邦邦的东西,那是一只银手镯。蓦然,他的全身又升腾起一股力量。

泥浆虽然再没有上涨,但饥饿却使他的身子出现了一种悬浮的感觉。他仿佛看到死神,正在面前朝他狞笑。此时,有一件悬浮物,被他的身子挡了一下,他赶紧抓住了它,竟是半截榆木矿柱。

他一阵惊喜,紧紧地抱住那半截榆木,吃力地从上面撕下一块树皮,放在嘴里咀嚼起来。在他的脑海里,这些枯苦、干硬的树皮,被他想象成了香美可口的牛肉干……

这个世界,因为拥有爱情,才会如此绚丽多姿。对于生命,爱情就像阳光一样重要。被爱感动,是一种幸运。这意味着你的身边有爱存在,你的心中也盛满爱的热情。

106个小时之后，救援队员们在那个废弃的矿道里发现了他，并将他立即送入如医院抢救。数日后，他作为这次矿难事故的唯一幸存者，在女友的陪同下，接受了一些媒体记者的采访。

其中，有一名记者这样问他："在生与死的考验中，是什么毅力促使你支撑了下来？"

他从女友手中接过那只银手镯，回答道："是这只银手镯——再过两天，就是俺跟她的定亲日。按照俺们那里的风俗，在定亲那天，俺要亲手把这银手镯给她戴上。"

在场的人们听了，一个个的眼睛都红了。他的女友坐在一旁，也早已泣不成声。

在爱的召唤下，会产生一种神奇的力量，这不就是吗？

爱的含义，应该是深层次的。一个人在拥有爱的同时，更应该懂得释放爱心，懂得去尊重你身边的每一个人。这样，你的生活才会愈加丰满和美丽！

---

34. 真爱需要一颗宽容的心

滴水藏海

如果把一对年轻男女放在一个孤岛上生活，他们相爱的可能性不说自明。然而，现实生活太复杂，有的像在一锅粥里糊涂，有的像在一片孤岛上迷茫，还有的正在对着唯一的方向守望。

男人长得很普通，是那种走在大街上就辨不出影儿的类型。男人在一家公司里做钣金工，因为每天跟金属打交道，10个手指头个个磨得像小棒槌似的。那些渗入掌心的油渍，则使他掌心的纹痕变成了两幅奇怪的"地图"。

女人在嫁给男人之前，刚刚结束了一段数年的恋情。在前男友大喜的那天，女人也穿上了婚纱，嫁给了眼前的男人。

在结婚之后，女人的内心经常会涌起丝丝的痛，也说不上后悔。反正，她感觉眼前的男人，与先前的恋人相比，差距太大。

当时，她俩居住的新房，甚至还有一半的贷款没有偿清。男人所在的公司实行3班制，在工作之余，男人就会骑上那辆破旧的摩托车，到数十公里外的一个海鲜市场上批发一些杂鱼或蛤蜊回来卖。

每天,男人忙得像陀螺一样。那时候,女人还没有工作。女人就提出来帮他到外面守摊,男人却坚决反对。男人说:"外面风吹日晒的,女人哪能经得住折腾。"

那年冬天,男人遇上了一点麻烦。他骑摩托车经过一处积水结冰的路段时,不慎摔倒,摔伤了脚腕。即使这样,男人仍一瘸一拐地坚持去上班。

女人就气得骂他道:"再怎么样,你也不能不要命吧?!"

男人却毫不介意,而后把满肚子的理由告诉她,一个大老爷们儿怎么能把家庭的担子撂给自己的女人。

那一刻,女人的心里暖烘烘的,但也隐隐地感觉眼前的男人有一点贱。

可是过了几天后,男人竟从厂子里请了半个月的假,回来的时候还一脸怒气。原来,同事们都开他的玩笑,认为他娶了一个凶狠的"母夜叉",否则他的脚腕都伤成这样子,怎么还不敢待在家里休养几天。

> 无论结果如何,我想,最美妙的结果,就是让爱回归本真。爱情一旦离开本真,爱就罩上了虚伪的面纱,真爱将不复存在,真情也会荡然消失。

谁都可以轻视他，但他不许有一个人轻视自己的女人。因此，他竟然一次请了半个月的假，就为了证明女人的贤惠。

后来，男人张罗着，给女人开了一个小小的饰品店。女人经营有方，生意越做越大。用了不到两年的时间，女人竟将店面拓展到了原来的几倍。

有一次，男人在无意之中，从一本书上看到，女人多吃苹果可以养颜，保持皮肤的弹性。从此，男人经常从超市里拎一兜苹果回来。男人将苹果洗净之后，就盛在一个水果盘里，摆放在茶几上。

男人刚开始学着给她削苹果的时候，削出来的苹果就像用嘴啃过似的。渐渐地，男人将削苹果的技术练得像他使用机床一样娴熟了。

只见他一只手轻轻摁着水果刀，另一只手则轻巧地旋转着苹果。苹果皮就像一串剪纸一样，从男人的手掌缝隙里钻出来。

这样，女人真就喜欢上了吃苹果。每天从外面回来，男人已经为她削好

如果你爱一个人，就要爱整个的他，包括他的缺点，和那些令你不悦的地方。你应该照他本来的面目去爱他，而不是将他纳入你的改造计划。但你们可以在未来的生活中，彼此鼓励，使自己变得越来越好。

了两个苹果。女人便将身子埋在沙发上，一边吃着苹果，一边看着电视。男人则在厨房里忙活。

苹果的甘甜，使女人心中不由自主地生出了些许满足。

如果没有他的出现，这种甘甜的滋味或许会一直持续下去。然而，他却意外地出现在她的店里。他第一次约她吃饭，她居然鬼使神差般地答应了下来。在那一刻，女人才知道，其实她的心里一直都有他的影子。

那个晚上，他喝了很多酒，最后竟忍不住在女人面前哭了。他告诉女人，在两个月前，他已经离婚了。或许，他一辈子最后悔的一件事情，就是在当时没能好好珍惜那段缘分。

女人也哭了，为他，也为自己。

从此以后，他经常到她的店里来，两人漫无主题地聊上一会儿。男人最终发现了这个秘密，但他并没有刨根问底。

那天，男人在女人的店里，遇见了坐在沙发上亲热聊天的两人。女人和他都十分尴尬，而男人竟然掏出一支烟递给他。

男人笑着说:"我已经见过你几面了。"

他惊讶地问:"在哪儿呢?"

男人就指了指自己的女人,又像是开玩笑地说:"在她的心里。"

女人听了之后,脸腾地一下红了。

回到家里,女人坦白地告诉男人,那个人就是她曾经的恋人。但是,他俩之间并没有做亏心的事。

男人一边削着苹果,一边告诉她。其实,中午到她的店里去,男人并不是为了这件事。因为,男人的公司准备安排他到外地出差,将近一个月的时间。因而,男人有些话要跟女人说。

第二天,男人在临走的时候告诉女人,他愿意用一个月的时间来等待一个答案。

男人出差在外,女人也想到吃苹果。这个时候,女人才发现自己削出的苹果,比男人刚削的时候还要难看。只过了几天,果盘里那些洗过的苹果便生出了腐斑。可是以前,女人吃过的那些苹果,从来没有见到一个带有腐斑的。

女人忽然明白了,男人为什么经常从超市里拎苹果回来,他是通过勤买少买的方式,保持盘里苹果的新鲜度。而那些生了腐斑的苹果,也一定是被男人悄悄地吃掉了。

女人想到这儿,一种久违的感动涌上了她的的心头。盘子里的那些苹果,令她突然失去了兴趣。半个月过去了,盘子里的苹果开始腐烂了,女人仍没有动。

终于有一天,女人守着那盘腐烂的苹果,忍不住哭了。

女人拨通了男人的手机。

男人担心地问:"你怎么了?"

女人说:"快些回来吧,我还等着吃你削的苹果……"

35. 给爱一个回头的机会

一个偶然的机会,我跟一位在地方民政局工作的朋友坐在一起。她的工作是负责办理结婚登记和离婚手续的。因此，在跟她交谈的时候，我们谈论最多的就是一些关于现代人婚姻的话题。其中有这样一件事情，令我记忆非常深刻。

有一天，一对年轻的夫妇匆匆走进她的办公室，要求办理离婚手续。当她询问两人的离婚原因时，女人竟忍不住啜泣起来。原来，他俩结婚还不到两年，她的丈夫竟迷恋上网聊，并认识了一个女孩。后来，丈夫还背着她偷偷跟那个女孩见了面。她发现之后，愤然地对丈夫提出离婚。

她没有急于为那对年轻夫妇办理离婚手续，而是微笑着询问他俩："请你们如实地告诉我，在没有发生这件事情之前，你俩有没有真心相爱过？"

两人听了之后，都低下了头，始终保持着沉默。

随后，我的那位朋友跟他俩换了一个话题说："在你俩作出这个决定之前，我要对你俩讲一个真实的故事。我的父母都是农村人，两人是通过自由恋爱结合的。在当时那个年代，我父母的做法，可谓石破惊天。后来，

滴水藏海

爱情是浪漫的，而婚姻则使爱情渐渐褪去浪漫的色彩。其实，爱的真实滋味就蕴含在平凡的生活之中。每个人都是婚姻的经营者，没有人能够相互替代。

不知道什么原因，我的父亲染上了赌博的恶习，他把家中值钱的东西都输掉了。为此，我的母亲经常和父亲吵架，并一怒之下回了娘家。然后，我的母亲把心中那个离婚的念头告诉了我的外婆。你俩猜一下，我的外婆听了之后怎么说？"

此刻，那对年轻夫妇彼此瞅了瞅，而后茫然地摇了摇头。

她便将这个故事继续讲下去："我的外婆听了之后，却反问我的母亲说，他有没有把你输出去？外婆见我的母亲摇头之后，就断然地说，既然他没有把你输出去，你就回去接着跟他过。从那以后，我的父亲浪子回头，再也没有跟别人赌博。现在，我的父母都是60多岁的人了，几十年来没有红过一次脸。"

朋友讲到这儿的时候，意味深长地对那对年轻夫妇说："我讲这个故事，其实就是想告诉你们，每一个人的婚姻都可能会出现挫折，但一定要懂得给爱一个回头的机会。我建议你俩再回去考虑一下，明天再作决定好吗？"

> 因此，在生活中谁也无法避免遭遇婚姻的挫折。在婚姻的危机面前，你应该怀着一颗宽容和忍耐的心，不要忘记给爱一个回头的机会！

那对年轻夫妇，显然被我这位朋友所讲的故事给打动了。他俩犹豫了一会儿，然后彼此用目光打了一个招呼，一起走了出去。第二天，他俩没有来，以后也没有来……

我在钦佩她认真的工作态度的同时，也被这个故事给深深地打动了。我想，能够被这个故事挽救回来的爱情，在未来的生活里，两颗心一定能够风雨相伴，永久相随。

36. 写在青花缠枝盘上的爱

那是一只精致的瓷盘，它的通体满釉，花纹则是一株株青色的依偎缠绵的紫藤花。看上去，它宛如一个端庄秀丽的少女，清纯而不妖媚。

叶子一直把它摆放在卧室壁橱的一个格子里。在外人的眼里，那只瓷盘并没有旁边那几个陶俑美丽。然而，叶子却非常珍惜它，总是把它擦拭得一尘不染。

> **滴水藏海**
>
> 真正的爱情，不是以金钱的多少来衡量的。真正的爱情，意味着你用一生来承担对方的命运和前途。

瓷盘，是奶奶留给她的嫁妆。在她刚懂事的时候，奶奶就对她说："叶子，等你出嫁了，奶奶就送给你一件宝贝——"奶奶在说这些话的时候，脸上的表情既有些神秘，又有些伤感。

于是，叶子的心里便盛下了一个谜团。她经常在夜里缠着奶奶，让奶奶把那件宝贝取出来给她看一眼。

终于有一天，奶奶颤巍巍地打开老柜，从里面捧出一个楠木匣来。在叶子好奇的目光下，她小心翼翼地打开楠木匣，将里面的绸包一层层揭开，一只上满青釉的蓝花瓷盘展现在叶子面前。叶子在见了之后，对奶奶所说的"宝贝"感到有些失望。

然后，奶奶就给叶子讲述了这只瓷盘的来历，其实也就是一些关于爷爷的往事。继而，叶子便会在奶奶那饱含思念和痛楚的讲述中，悄然入梦。

叶子只是在奶奶珍藏的那些老照片上面，见到过爷爷的模样。年轻时的爷爷长得文质彬彬的，酷爱收藏一些器皿。在"文革"时，爷爷眼瞅着那些比自己生命还珍贵的藏品被人搬

因此，爱情首先意味着付出。当你真心爱一个人的时候，你就要无怨无悔地把自己的精神力量献给对方，让所爱的人生活得幸福。只有彼此懂得付出，爱情才会绽放出美丽的花朵。

走、砸碎，痛得大吐血，不久便病故了。

奶奶一辈子没有生育，叶子其实是她后来在一家医院附近捡的弃婴。当时，邻居都劝已经上了年纪的奶奶将弃婴送到福利院去，奶奶却执意收养了她。

这个世上最疼爱她的人就是奶奶，所以在奶奶去世之后，叶子就把那只瓷盘从楠木匣里取出来，摆在卧室的最显眼处，一抬眼就能看到，就像奶奶还在身边陪伴她一样。

第一次遇到他的时候，叶子就从他的眼神里捕捉到一种异样的感觉。叶子在一家茶楼做服务员，他则是一家报社的记者。

以后，他经常约朋友一起到茶楼来品茶，或者独自找一个位置坐下，点一壶茶，一边细细地品味，一边注视着身着紫缎旗袍的叶子在茶客间忙碌。

情人节那天，他手拿一枝"蓝色妖姬"送给叶子。当时，他俩竟没有说一句话。但彼此从对方的笑容里，都能够感觉到那份真诚。

他第一次到叶子家拜访的时候，

佛说，百年修得同船渡，千年修得共枕眠。其实，修一万年也难遇上你和他(她)的结合。

才知道她这几年竟是独自一个人生活。他在叶子卧室的壁橱里发现了那个瓷盘,并一下子被它吸引住了。

之后,他经叶子同意,给那只瓷盘拍了几幅图片,并将它们刊登在他兼做的一个"收藏"版上。那些图片刚一刊登出来,便有一些专家打来电话,询问那些图片的来历。因为他们从图片上判断,这只瓷盘极有可能是一件稀世之宝——青花缠枝盘!市场价估计应该在数百万以上。

第二天下午,他异常激动地找到叶子,并把这个喜讯告诉了她:"你知道吗?摆放在壁橱里的那只瓷盘,很可能是一件稀世之宝!"

听了之后,叶子丝毫没有感到惊讶,只是朝他笑了笑。当他再一次走进叶子的卧室时,才发现原先摆放在壁橱里的那只瓷盘已经被她收起来了。此时,他颇有些意外,而后尴尬地搔了搔后脑勺。

不一会儿,叶子竟端着那只瓷盘从厨房里走出来,里面盛着几串晶莹剔透的葡萄。他惊诧地看着她,问道:

> 既然遇上了,这是你俩的造化。在以后的婚姻生活中,你俩就要有福同享、有难同当。

"这么贵重的东西,你怎么可以拿来盛水果呢?"

叶子粲然一笑,说:"在我的眼里,它就是一只普普通通的瓷盘。如果说它贵重,那就是因为它是奶奶留给我的。现在,我能用它来盛东西给自己所爱的人,我想,这应该是物有所值了!"

他注视着叶子那一脸纯真的笑容,眼睛顿时变得湿润了……

37. 一根刻骨铭心的绒线

喜马拉雅山麓,有一个狩猎的部族。在这个部族里,一直延续着一个久远的婚俗:如果夫妻两个感情不合,其中一个可以向族长提出离婚的请求。然后,族长就会安排在雪山下举行一个仪式。提出离婚要求的夫妻各扯一根绒线的头,待族长发过话之后,两人必须同时使劲往后扯。如果扯断了,证明雪神已同意他们离婚;如果扯不断,那么即使夫妻感情裂痕再大,

> **滴水藏海**
>
> 在人生道路上,当你遭遇感情挫折的时候,你应该挺直脊梁,勇敢面对痛苦对你的考验。因为在感情的挫折上面,除了你,没有人能够替你领受。

也要重归于好。

有个年轻而勇敢的猎人,终于把心仪的姑娘娶回家里。数年后,他们有了3个子女。虽说他们的日子过得很清苦,但这并没有影响到夫妻感情的恩爱。然而,一次意外,猎人从石崖上跌了下来。已昏死的猎人幸而被途经的族人发现,并把他背回来救治。

两天后,猎人才清醒过来。可是,他的两条腿都已经断了,永远也无法站立起来。女人既要照料3个年幼的孩子,又要照料瘫痪在床上的丈夫,生活十分艰难。

终于有一天,猎人偷偷爬了出去找到族长,并提出与妻子离婚的请求。因为,他不想再这样拖累妻子。

族长听了,答应第二天在雪山下为他俩举行一个仪式。当他爬回家里,把这件事情告诉刚从外面拾牛粪回来的女人后,她愕住了。

继而,她失声痛哭起来,她说:"只要和你在一起,再苦再累的日子,我也能受得了。"

猎人苦笑着摇了摇头,告诉她,

> 如果你的感情没有多大的波澜,你就应该懂得珍惜手里的幸福,将真正爱过你的人时刻放在心里。也许,在你的一生中,只有他(她)一个人,才是对你真正用心的人。

族长已经同意在明天为他俩举行一个仪式。

妻子止住了哭声,而后默默地从布包里捧出一捧洁白柔软的羊毛。她说,她要亲手搓一根绒线。

一夜,妻子都没有睡觉,一根长长的绒线搓成了。

猎人发现,一夜之间,妻子憔悴了许多。当他看着妻子用欣慰的神情抚摸着那根绒线的时候,他的内心感到一阵苦涩。他想:即使再粗出几倍的绒线,也经不住他用力一扯啊!

第二天的离婚仪式,现场聚了不少人。这些人,都是赶来为他俩的婚姻做证的。

族长郑重地把那根绒线,朝雪山的方向祭奠了一番。然后,让猎人和妻子各扯住绒线的一端。待族长发话之后,那猎人使出浑身力气扯了过来。他明白,这一扯,就可以使妻子摆脱自己的拖累,让她过上几天舒心的日子了。

然而结果,那根细细的绒线竟神奇般地从他手中弹了回去,并没有被

> 在一对感情至深的爱人中间,女人更容易为爱付出全部。女人就是这样,她们一手是爱,一手是生命。但为了爱,她们可以付出生命。

扯断。现场的那些证人们一片欢呼，他们是在为他俩爱情的永存而祝福。

妻子扑倒在猎人的怀里，两人抱头痛哭……

数十年之后，猎人已经变成了老猎人。这次，他的病情非常严重。临终前，他恳求女人把那根绒线的秘密告诉他。

妻子就把那根珍藏了数十年的绒线拿出来，当着儿孙的面，她一点一点地扯开，原来，在绒线的里面裹着一根细细的尼龙线。

老猎人看了之后，微笑着合上了眼睛……

38. 幸福，是一种微笑

那段时间，我早晨乘车外出，有好几次都在那条老街上遇见一对骑自行车的中年夫妇。他俩骑的是一辆非常陈旧的自行车，前后泥板都已经锈蚀掉了，车把上面挂着一个大大的帆布包。因此冷不丁看上去,让人感觉有点奇怪。

男人很卖力地蹬着自行车,女人一只手搂着他的腰,另一只手拎着一个小布包。她把黝黑的面孔贴在男人的后背上,满是微笑地注视着各式车辆从他们身边擦身而过。

尽管我并不认识那对中年夫妇,甚至至今对那个中年男子的容貌都有些模糊。但是,那个中年妇女的微笑,却给我留下了深刻的印象。她在面对行人异样的目光时,神情中没有丝毫的自卑与羞涩。在她那从容的微笑里,流露的是一种淡淡的幸福与自豪。

在一个炎热的午后,我从文化市场里出来,在经过那条街市的时候,我发现了一张熟悉的面孔。她,就是我在早晨乘车时遇见的那个中年女人。

她坐在马扎上面,守着一个很小的摊子。摊子上立着一个用纸壳做的招牌,上面写着"每件商品均售2元"。她见我走过来,微笑着欠了欠身,原来,她的左脚有残疾,可能是先天性的跛脚吧。

滴水藏海

尽管那对打工夫妇的生活极为平凡,甚至还有些艰涩,但我想,她的内心一定满怀着幸福。因为那种幸福的感觉,就洋溢在她的微笑里面。是啊,在许多时候,我们对已经把握在自己手中的幸福并不珍惜,往往在它失去之后,才感觉到懊悔。

幸福,一直就在我们的身边。只不过在很多时候,因为我们缺少发现它的眼力罢了。

我笑着跟她打招呼说:"原来你在这儿摆摊呀,我认识你。我早晨乘车的时候,遇见你们好多次了。"

她有点惊讶地看着我,而后腼腆地笑了。

我继续问道:"你们好像不是本地人吧?"

此时,她才微笑着告诉我,原来,他们的老家是在贵州山里。她的丈夫就在附近一个建筑工地上打工。她的腿脚不灵便,于是就在这儿摆了一个"2元摊"。每天早晨,男人先骑自行车将她驮到这儿来,傍晚再将她驮回去。中午的时候,男人会从工地上多买一份饭,骑自行车给她送来。

我又问她:"你在这儿的生意还好吗?"

她咧开嘴笑了起来,而后说:"还凑合着吧,人多的时候也能挣二三十元钱,反正闲着也是闲着。这样积少成多,一年下来,两个孩子在老家上学的费用也就够了。"

我选了两根手机链,尽管做工有点粗糙,但我还是决定买了下来。

那么,幸福是什么呢?每天早晨睁开眼睛,我们都应该庆幸,今天还健康地生活着——活着是多么美好!世界每天都会发生那么多灾难和不幸,却没有一件落到我们的头上,这就是一种幸福。

想起非洲不计其数的饥饿难民,而衣食无忧的我们就是一种幸福;比起那些先天残疾和智障的人,父母给了我们一副健全的肢体,就是一种幸福。

能够与自己所爱的人一起,在平淡的生活里体味艰辛和快乐,每天充实而坦然地迎来那一轮朝阳,这更是一种幸福。

幸福，就是一种微笑。微笑着与挚爱的人一起沐风浴雨，微笑着接受那些平凡的日子和生活的磨难。

真的，幸福无处不在！

我用玩笑的语气对她说："我见你坐在自行车上的样子，很幸福哦。"

她又抿着嘴笑了，说："那算啥幸福？不过，我挺知足的。我们那儿像我这般年纪的女人，大都守在家里种田，很少能有机会到大城市里转一转。而我还是一个残疾人，每天能被男人驮着在城里的大街上看一看光景，能不知足吗？"

39. 美丽的爱情需要滋养

滴水藏海

许多不幸的婚姻，往往并非经济上的贫富所致，而是由于夫妻在生活中疏忽了对感情的深层培养，双方缺乏交流而导致的。譬如小事的疏忽可能造成感情的裂痕，处事的粗暴也可能导致感情的纠纷。

有一对"冷战"已久的夫妇，彼此都厌倦了那种没有感情交流的生活，他俩最终作出了"和平分手"的选择。

男人从楼下的库房里，推出一辆闲置已久的自行车。这辆早已失去昔日光泽的"永久"牌自行车，是他俩刚结婚时购买的。当时，他俩在同一家公司里上班。

他们居住的小区距离公司有十余

里的路程，这令女人感到非常头疼。因为她有个非常严重的晕车毛病。只要车厢里的乘客一拥挤，她一嗅到汽油味儿，十有八九会呕吐。因此，她经常会在上下班乘公交车的途中制造出一些尴尬。

男人便毫不犹豫地购买了这辆自行车，他也不再乘车。每天上下班，他都用这辆自行车驮着妻子，风雨无阻。他曾对妻子许诺说："我会用'永久'，驮你一生。"当时，女人坐在自行车的后座上，紧紧揽着男人的腰，眼里溢出幸福的泪水。

后来，男人有了自己的公司，也有了自己的轿车。但对于女人来说，却一直怀念着男人骑自行车驮她时的感觉。

他俩，已经好长时间没有一起外出了。当然，这也是最后一次。因为他俩已商定好了，一起到民政局去办理离婚手续。

女人有晕车的毛病，尤其在这样阴郁的天气里。她提出唯一的要求，就是让男人用自行车驮她去。他答应了。

当婚姻出现裂痕的时候，醒悟的一方首先应该学会修补。修补爱情的工作是比较艰巨的，肯定会碰不少钉子，会贴很多次冷脸。但是，成功的可能往往和坚韧不拔的努力成正比。

爱情，原本就是在你付出之后，才会得到的东西。你爱得越多，自己就越像爱的化身。在多次付出之后，你终会将婚姻的裂痕修补成功。

天气好像故意跟他俩开起了玩笑，他俩一走下楼，竟"噼里啪啦"地下起雨来。

女人转身上楼，找来一把雨伞。然后，她撑开雨伞，娴熟地跳上男人的自行车。可能是因为男人有几年没有骑自行车了，也可能是因为雨天路滑，男人的车子骑得很慢，姿势也很笨拙，有几次都险些摔倒。原本十几分钟的路程，他俩竟走了半个多小时。

他俩来到民政局的楼下，男人放好自行车。当他转脸看身后的女人时，眼里顿时露出了惊诧的神色。女人手中虽然撑着雨伞，但她全身竟被雨水浇透了。而他的身上，却只有两个衣角被雨水淋湿了。

原来，在途中，坐在他身后的女人，一直都把雨伞撑在他的头顶上。

男人问："你这是干啥呢？"

女人说："没啥，怕你着凉，引起老毛病。"

男人知道自己一感冒，就容易引发哮喘，非常遭罪。

沉默了一会儿，男人推起自行车，

爱需要理解，需要尊重，也需要保护。爱的保护是一种责任，也是一种权利。保护的责任，在于以真诚的心来拯救受伤的灵魂。爱是流动和成长的，一个有爱的人，他会发现爱，滋养爱和创造爱。

异常恳切地说:"好久没有驮你了,我想在雨中驮着你四处转一转好吗?"

女人愣了一会儿,笑着朝男人点了点头。然后,她撑开雨伞,轻松地跳到自行车的后座上。她手中的雨伞,仍旧以先前那种美丽的姿势,绽放在飘雨的街头……

40. 一尊永远的爱情佛

那是一座很老的庙,庙里的爱情佛深受一些年轻情侣崇拜。

有一次,他和她,还有几个朋友结伴外出旅游。经一位朋友指点,他俩牵手走进那家古庙。他虔诚地请了一尊爱情佛,然后,挂在她白皙的颈上。那一瞬,她的眼睛里泛起幸福的泪花。

爱情佛,是一尊神态安详的佛,用绿玉雕刻而成的。

旅游归来,她就问他:"你知道爱情佛的来历吗?"

滴水藏海

真正的爱情,是藏在两个人内心深处的,表现在心灵和精神当中。那些外在的气质不过是装饰品,就像一个人戴上一串项链或手镯,虽然美丽,但并不能改变他内心深处的个性,及原有的生活模式。

对有些情侣来说，他们虽然处于茅屋、陋舍之中，但他们仍拥有一份真挚的爱情。而有的情侣，虽然居住在大厦、别墅里面，但在心灵之间却有一道深深的鸿沟。

他思忖了一会儿，为她讲了这样一个故事：那是在很久以前，有一个美丽善良的龙女，偷偷爱上了一个书生。龙王知道之后非常生气，就将女儿禁闭起来。后来，她在妹妹的帮助下，从龙宫里跑出来，去寻找那名书生。

龙王见女儿如此倔强，便答应给她一个月时间。如果在一个月的时间里，她没有找到书生，就必须返回龙宫。否则，她的身体将化为一棵树。一个月过去了，她没有找到自己心爱的人。于是，她化为一棵守在路边的芙蓉树。一年又一年地眺望着远处，期待着奇迹出现。她的痴情感动了圣母，便将她化为一尊爱情佛，庇佑全天下有情人终成眷属……

听了这个故事，她的眼泪流了出来。而他却忍不住笑了起来，一边用手轻轻刮了一下她的鼻梁，一边说："这个故事是我编造的，你真就相信了吗？"

她很认真地点了点头。

那年夏天，他作为集团公司的主要管理人员之一，被临时委派到海外一家公司工作。因此，他俩的婚期也被迫推迟了。在分别的日子里,他俩几乎每天都要通过网络来倾诉思念。每一次,她总要把挂在胸前的爱情佛通过网络视频传送给他看。

然后,她就让他讲那个关于爱情佛的故事。尽管她已经听过很多遍了,但每一次听他讲这个故事的时候,她都会有一种抑制不住的感动。

一年后,他才回国。在机场上,当着众多亲友的面,她毫不犹豫地扑过去,两人紧紧拥抱在一起。

或许是两人在拥抱的时候太投入,将系那尊爱情佛的红丝线给扯断了;或许是红丝线的结自身就有些松动了,她在早晨佩戴时,没有注意到。只听一声轻轻的脆响,那尊爱情佛从她的胸前滑落,跌到了地上,并摔为两半。

这一声脆响,在她的耳朵里不亚于一声惊雷。她慌忙挣开他的臂膀,蹲下身子,将那尊碎成两半的爱情佛捧在手里,怔怔地看着,她异常痛惜。他也蹲下身子,为刚才的冒失而感到内疚。一时之间,他竟不知道如何来

> 有些时候,爱情的浪漫和真挚,在清贫的生活中更容易体现。你是送给对方一枝玫瑰,还是一枚价值连城的钻戒并不重要。重要的是,你是否把爱人装在了心里。

> 只要心中有爱,那么一切都好。

安慰伤心的她,只有静静地注视着她。

蓦然,他发现在她胸口的肌肤上,印有一个浅浅的、红色的印痕。这个印痕一定是在他俩刚才拥抱时,被那尊爱情佛挤压在她身上的。

他指给她看,惊喜地说:"你看,爱情佛印在你的身上了!"

她低下头看,也发现了自己胸口上的那个印痕。

他继续说:"真正的爱情是生在心里的。"

她听了之后,才欣慰地笑了。

41. 在爱的花园里栽下一株沙枣

滴水藏海

不知道还有谁会像他俩一样,将那些普普通通的,甚至有些丑陋的沙枣棵子移植到自己的花园里去,并用心去呵护它们。

我住的村前不远,是一片广阔的盐滩。在盐滩边上,有一些纵横交错的碎石沟子。那些石沟的堤上,只覆盖着一层薄薄的土壤,再加上石沟的透水性强,因而即使在阴雨连绵的季节,也难见到青草葳蕤的景象。零星点缀在上面的,除了一些茅草,就是生命力极为倔强的沙枣稞子。

沙枣稞子，是一种多年生的落叶灌木。它们叶形椭圆，只是比枣树叶子小了数倍。每到初夏，一场细雨之后，便从它们油亮的叶丛里绽开一朵朵或白或黄的微小花蕾。它们的花朵朴素得闻不到一丝香气，因此连蝴蝶和蜜蜂都不愿靠近它们。

待花落之后，就会结出米粒大小像枣子一样的果实。只是它们的果实，很难像枣子一样疯长。等到老秋时，沙枣稞子的叶子全部落尽了，在那些肤色淡粉，长满锐利针刺的枝条上挂满了一粒粒沙枣果儿，小的如黄豆，大的也抵不过花生粒。

即使成熟的沙枣果儿也不诱人，它们只是在绿色的果实上泛出一点点黄色和微红来证明自己已经成熟。除了那些顽皮的孩童，大人们从来不屑采摘那些果子。它们薄薄的皮肉里面，裹着一个大大的，与果实极不相称的核。咬开之后，除了一股微酸，再就是令人难以下咽的青涩味。孩童们冒着被锐刺扎伤的危险去采摘那些小果

不过，一个人如果能够在自己生命和爱情的花园里，栽种下一株象征自己爱情的植物，一定是一件非常幸福和永远值得怀念的事情。

子，大都将它们当作"弹珠"玩，或者用针线一个个从它们薄薄的果肉穿过，做成一条条独特的"项链"和"手镯"。

沙枣的生命是倔强和安于寂寞的，它们从来不愿与那些惹眼的野花野草一起待在肥沃厚实的土壤里。在我的印象里，它们总是生长在那些杂石堆和碎石沟的堤坝上，远离人们的视线。可是，它们那朴实和倔强的生命，却呈现出一种不落俗尘的清高。或许，正是这种源自它们骨子里的、最原始的清高，拯救了它们自己，从而一年一年地生存并壮大起来。

那是在去年夏天的时候，他和她一起驾车从数百里外的城市赶来。而他俩此行的目的竟然只是为了挖一株沙枣稞子，然后带回城中别墅的花园里栽种。

她已经从二三十年前，那个扎着马尾辫、身形纤瘦的年轻知青，变成一个拥有固定资产过千万的服装公司经理。而他因为年轻时在盐滩推盐，留下了严重的风湿病，现在连上下车

缘分使你们相识相爱，在今后的人生道路上，一定还会遇到很多生活的压力和意想不到的困难。可是请你一定相信，所有的不幸都可以克服。

都需要由她细心搀扶着。但这么多年过去了,他俩仍深深地相爱着。

那时候,他俩与其他的知青们一样,在村前的那片盐滩上抛洒青春和汗水。她晒盐,他推盐。她最高兴的事,就是收到他采摘的沙枣果儿。工间休息时,那些从小在城里长大的,没有干过多少体力活的青年男女们,不顾炎炎烈日,横七竖八地躺倒在蓬布上歇息。而他却趁别人歇息时,步行几里路,到盐滩边的碎石沟去采摘一些沙枣果儿回来,然后悄悄地塞给她。

现在,他俩仍经常回忆起下乡和初恋时的情景,总会想到那一粒粒绿绿的沙枣果儿。然后,她就会幸福地说:"那是我至今吃过的,最美的果子。"

愈来愈深的思念,最终使他俩决定再一次来到那片曾经抛洒过无数汗水和热情的盐滩,挖一株沙枣稞子带回去,栽到他们别墅的花园里……

因为彼此深深地相爱,那么,就紧紧握住对方的手吧,不离不弃。只要有爱,什么样的奇迹都有可能发生!

42. 红钩钩,蓝钩钩

那时候,她在车间里做化验员,长得漂亮可人。他比她大3岁,性情耿直,喜欢打抱不平。因此,他在同事里的威望甚高。

在下夜班之后,他总是小心翼翼地把她护送回家,风雨无阻。两年后,她选择嫁给了他。就在他们的女儿刚上小学的时候,他们所在那家厂子因为经营不善而倒闭。他俩双双下了岗,每月只领取几百元的生活补贴金。

后来,他俩在市场上租了一个摊位卖菜。市场上人多杂乱,每天什么事情都可能发生。他偏偏改不掉爱管闲事的老毛病,只要遇到欺行霸市的不平事,他总是忍不住出手。因此,他也得罪了一些不三不四的人。

有一天,他在回家的途中,被两个从身后赶上来的骑摩托车的歹徒,

滴水藏海

一个人活在世上到底是为了什么?想来,除了实现自己的人生目标之外,最重要的一个心愿,就是能够找到一个自己最爱的,也最爱自己的人举案齐眉,白头偕老。在爱的感召下,一起走过人生的风风雨雨,一起去体会人间的酸甜苦辣。

用木棒狠狠砸晕在地上。当时,他吐了血,而且住了半个多月的医院,身体才慢慢地恢复。尽管他们报了案,但因为没有目击证人,再加上案发突然,最终便不了了之。

事后,她心疼地埋怨他不该多管闲事,并心有余悸地说:"如果那天他们下手再狠一点,你就没命了,我和女儿该怎么办?"说到这儿的时候,她忍不住抽泣起来。

他紧紧揽住她的身子,向她发誓说:"以后,我再也不去管闲事了……"

经过再三思忖,她无奈地作出了一个决定,将菜市场上的摊位转租了出去。她知道只要在这里,丈夫迟早有一天还会出事。然后,他们从亲朋好友处借了一部分钱,开了一个小吃店。他俩诚信经营,小吃店的生意越来越红火。

那天,他去菜市场采购货物,老半天没有回来。她不停地拨打他的手机,他始终不肯接听。临近晌午时,他才赶回来。他的左眼周围布满了淤青,而且身上的衣服还有多处撕扯过

> 因此,在这个世界上才会有无数的海枯石烂、"乃敢与君绝"的誓言,也有了许许多多凄婉哀怨的故事和更多的悲欢离合。

的痕迹。对此,她并没有过于感到惊讶,只是责怨道:"你以前发过的誓,怎么能不算数呢?"

原来,他早晨在市场上,遇到两个地痞向一位女业户索要场地费。他忍不住上前打抱不平,便跟那两个地痞动起手来。结果,他虽然将那两个地痞教训了一顿,但他自己也受了一点伤。

然而,事情并没有这么简单。半个月之后,一帮歹徒闯进他们的小吃店,当时他正巧去参加一位朋友孩子的婚宴,躲过了此劫。那帮恶人将小店的门窗玻璃和桌椅柜台,全部砸得稀巴烂。

其中一名为首的歹徒还开口讹诈5000块钱,作为他们先前挨打的那两个哥们儿的赔偿费。她告诉他们,她手里没有那么多现钱。那个歹徒从她手中拿走了1000块钱,然后抛下一张写着银行账号的纸条,恶狠狠地说:"限你在两天之内把欠的钱还清,否则我们隔三岔五就会来砸你们的店!"

他回来之后,见此

有情人无论相隔千里万里,无论贫富贵贱、红颜白发,一旦牵手,即便是零落成泥碾作尘,他们也会是"我中有你,你中有我。"因为,爱就是彼此无怨无悔的付出,哪怕是生命。

情景，气得眼冒金星，并对妻子说："这事你不用操心，我就是拼上命也要跟他们斗一斗！"

她心里清楚，那帮恶人不会就此罢休，而丈夫一个人肯定不是他们的对手。于是，她背着丈夫，将4000块钱偷偷给他们汇了过去。

从那一天起，她决定雇一名服务员，不再让丈夫到市场上去采购。因为，她非常担心丈夫再遇到那帮恶人，闹出什么意外。

不久，他也知道了妻子为了压下那天的事，竟瞒着他给了那些恶人5000块钱。为此，他跟妻子大吵了一通，之后，他执意去报案。

她却斩钉截铁地说："你再这样下去，我们就离婚吧！"

这么多年来，他是第一次听妻子说出这样的话。那一瞬，他就像一个犯了错误的小孩似的，神情不由自主地蔫了下来。

她继续朝他发泄着心头的愤懑："从现在起，你该去下棋就下棋，该去打牌就打牌。小店里的事，以后与你无关！"

在接下来一个多月的时间里，他俩都处在冷战中。他果然没有再插手小店的经营，而是跟一位朋友在一家搬家公司里做工。

那天是她的生日，他请那位朋友到自家小店里吃饭。趁客人空闲的时候，他悄悄塞给她一张纸条，还有一支红蓝两色的圆珠笔。她诧异地打开看，上面写着："亲爱的，祝你生日快乐！你能原谅我吗？（　）如果你答应今晚搬回来住，就在括号里面画个红钩钩，如果你还在生我的气，就画个蓝钩钩。"

她看了之后，"扑哧"一下笑出声来。继而，她用手中的圆珠笔在纸条上面画了一个钩，并折叠起来。随后，她故意冷着脸走到他和朋友的桌前，将那张纸条扔在他的面前，一句话也没说便转身走开了。

那位朋友知道他俩正处在冷战期，但对她刚才的举动仍有些不解，只是笑眯眯地看着他俩。他尴尬地把那张纸条揉成团，塞进上衣兜里。他的情绪也好像一下子跌入到低谷，闷着头跟朋友喝起酒来。喝完酒之后，朋友起身告辞，他没有跟妻子打招呼，便执意骑摩托车去送那位朋友。

两个小时后，她接到了从医院打来的电话，手机号码显示是丈夫的。他送朋友回家后，在返回的途中遭遇了车祸，正在医院进行抢救。

她疯了似的打的赶到医院，他仍在急救室里。她倚着急救室门口的墙壁，瘫坐在地上，眼泪哗哗地流了下来。她不敢哭出声来，她生怕被里面的丈夫听到。

他命大，在鬼门关溜了一圈又返了回来。守在病床前，她看着头上缠满绷带的丈夫，心痛得要命。他忽然想起一件事情，示意她将那张揉成团的纸条，从他的上衣兜里掏出来。

那个小纸团，已经被他的血水染成了红色。他告诉她，当时因为有朋友在场，他不好意思打开那张纸条。可是，他从她当时的表情上已经猜到了，她肯定在上面画的是一个蓝钩钩。

她哽咽着,小心翼翼地将那个纸团展开,放在他的眼前。在括号里面,画的竟是一个清清楚楚的红钩钩。他稍微一愣,旋即,在他那伤痕累累的脸上露出了灿烂的笑容。随后,他后悔不迭地说:"如果当时我看到了这个红钩钩,说啥也不会喝那么多酒了。"

她内疚地抚摸着他的脸,心疼地问:"伤口还疼吗?"

他又笑了,然后认真地说:"我看到了这个红钩钩,即使是疼我也感觉不出来了。"

她听了之后,心疼地哭出声来……

43. 背你走过人生的磨难

那时候,她已是一家省级电视台娱乐节目的主持人了。她的身材颀长,尤其是在她微笑的时候,那一副姣美的面容,显得愈加妩媚动人。

每天,她都会收到一些来自天南海北的,向她表达爱慕的"情

滴水藏海

爱,是一座坚不可摧的桥梁。它跨过冰雪千里的江河,穿越停滞不前的空间,架在两颗炽热的心灵之间。它可以长千里万里,也可以近在咫尺,但任何艰难险阻都隔不断它的行程。

书"。可是,当她接过那一摞摞来信的时候,她极少打开。同事们的心里当然清楚,依照她现在的条件来作选择,除非是一位事业和形象都非常优秀的男士,才能够与她相配。

有一次,她随节目摄制组,一起赴广西拍摄一档生活趣味节目。当他们在景区抓拍一些年轻恋人的镜头时,发现了一条奇怪的河。

那条河有十几米宽,河水清澈,深不过膝,而水流湍急。河上面没有桥,只有20多根碗口粗细的石桩一字排开,立在河面上。湍急的水流撞在石桩上,激起一个个水花,然后打着旋儿往四周扩散开来。

他们就问当地的那位导游:"河上为什么没有桥呢?"

那位导游听了之后,一边笑着,一边指着那些石桩解释道:"那就是桥呀!这条河叫'爱河',好多当地的年轻情侣为了证明对爱情的忠贞,他们在结婚之前,都要背着自己心爱的姑娘从那些石桩上走一趟。"

导游的话,一下子就勾起了她的

兴趣。她即兴发挥,提议在自己的节目里穿插上一个"背爱过河"的小节目。而且,她还要亲自扮演一遭"新娘"。编导对她的提议非常感兴趣,但由谁来做"新郎"呢?尽管摄制组此行大都是男士,可是当他们想到,要背着她从那些石桩上走过,大都失去了信心。倘若不慎失足跌入河里,虽说河水很浅,但被灌成一只落汤鸡,也足以令人颜面大失了。

此刻,刚进摄制组不久的他走了出来。他长得身材瘦削,在摄制组里负责道具工作。那些同事都用诧异的眼光看着他,而后用玩笑的语气说:"你这体格行吗?不怕跌入河里,来个'鸳鸯浴'?"

他憨厚地笑了笑,说:"试一试呗!"

当然,为了避免尴尬镜头的出现,他决定先背一位男同事尝试一下。于是,一位身材较为瘦小的男同事跃上他的脊背。

他背着那位男同事小心翼翼地踏上石桩,然后吃力而笨拙地向前迈去。

爱,带给人奋斗的目标和应对厄运的勇气。只要有了爱,即使冰封雪冻的世界,也会沸腾;即使面对死亡的威胁,彼此也能够在爱的庇护下,并肩携手跨进阳光普照的天地。

他费了很大气力才走过七八个石桩，快要到了河中央。站在岸上的那些同事们都屏声静气，替他俩捏一把汗，也包括她。

就在他准备再迈出一步的时候，他的身子竟一时失去了重心，一个趔趄，"扑通——"他俩都跌入河水里，顿时变成了落汤鸡。当他俩拉着手，浑身湿淋淋地往岸上走时，刚才的紧张顿时变成了一阵阵笑声。她瞅着他俩的狼狈样儿，也忍不住笑出声来。

他俩重新换了衣服。

此时，编导对于这个颇有些难度的节目，已有放弃的意思。他却走到她身边，执拗地问："你敢不敢试一次？"

她抿着嘴，思忖了一会儿，果断地说："行，大不了像你俩刚才一样，灌个落汤鸡。"

他俯身背起了她，像刚才一样踏上了石桩。只是这次，他的动作比先前娴熟了许多。此刻，摄像机的镜头也不失时机地对准了他俩。每迈出一步，他都小心翼翼的，并竭力地控制住身体的平衡。当他背着她走到河中央的时候，他的气力又有些不支了。连续两个趔趄，都险些使他俩跌入水中。但经过努力，他还是控制住了身体的重心。

同事们都在岸上紧张地盯着他俩，摄像机也在紧张地忙碌着。"6个、5个、4个……"他们在心里默数着。

当他背着她安全抵达对岸时，同事们一个个都欢呼雀跃起来。他仿佛忘记了疲惫，兴奋地背着她在原地转了好几个圈，以示庆贺。当他放下她的时候，他竟发现她的眸子里溢出了晶莹的泪水。

从广西返回之后,他俩恋爱了,而且还是她主动向他表白的。这个结果,令那些同事们一个个都大跌眼镜。

一年之后,他俩在一阵阵羡慕和祝福声中,步入了婚姻的礼堂。然而,在他俩婚后的第二年,一件意外的事情,将他俩幸福的憧憬全部击碎了。

那段时间,她感觉自己的左乳经常有刺痛感,开始她并没有在意。可后来,竟出现了肿块。经他再三催促,她才去医院做了检查,结果把他俩都惊呆了。她的乳房里面有恶性肿瘤,必须马上手术。不久,她的左乳被切除了。

手术之后,医生告诉他们,只要她能熬过5年复发期,她就进入了稳定期,并能最终治愈。她用惊人的毅力接受了6个月的高强度化疗,然后又进行了顺势疗法和素食疗法。每天,他都陪在她的身边,无微不至地照顾着她,鼓励着她。

5年的时间是痛苦而漫长的,而他俩终于一起走了过来。就像那次他背她过河一样,虽然有几次跌入河里的危险,但他俩最终还是挺了过来。

当医生把癌细胞已彻底消除的诊断书递到他俩面前时,他和她竟抱头失声痛哭起来。在场的医务人员也都被感得地流下了眼泪。一位医生感慨地说:"工作这么多年,我从来没有见过像她一样坚强的病人。"

她却异常动情地说:"这一切都是他给我的。"在他俩结婚7周年的纪念日来临之际,他俩再一次来到广西的那条牵定他俩情缘的"爱河"边。她提出要他再背她过一次河,他却犹豫起来。因为他担心不慎落水,会使她的身子着凉。可是,她却执意要他背着再过一次河。

他终究拗不过她,只有小心翼翼地背起她。当他俩安全抵达对岸时,她激动地哭了起来,她说:"我爱的,就是一个永远有勇气背我过河的男人,哪怕一起跌入水中,我也不会有任何抱怨。"

此时,他紧紧拥着她的身子,眼睛里闪烁着泪花,他说:"所以我要一生都背着你,走过每一条横在我们脚下的河……"

第三辑　握住成功的密码

生活是五彩缤纷和千变万化的,其中蕴含着很多机会,关键看你是否拥有发现它的眼光。你必须学会运用自己的智慧,在生活中发掘成功的契机!

44. 把握人生的每一个机遇

这个故事,是我听一位长者讲述的。在60年代初期,他作为一名工程兵参加了开发藏北的任务。

有一次,部队的运输连临时接到一项任务,安排一位驾车技术比较精湛的小战士去接送货物。为了防止意外,连长配发给他一支手枪,还有20余发子弹。

在返回途中,他驾驶的汽车出了故障。等他将故障排除之后,天色已经暗下来。他凭经验驾驶着汽车继续前行。然而,他开着汽车,不知不觉竟驶进一片开阔的荒原地。当他意识到走错路时,才发现自己迷失了方向。

小战士在那片荒原地上辗转了数个小时,也没有找到公路。汽车戛然而止,原来,油箱里的油已经用光了,需要下车从备用油桶里抽取。于是,

滴水藏海

只是10分钟的放松,却付出了生命的代价。在令人垂泪的同时,是否也带给你一个深刻的教训呢?人生有许多转机,就像那位牺牲的小战士的遭遇一样,稍纵即逝。但如果你把握住了,就会迎来一片全新的天空。

他决定暂时在驾驶室里猫上一夜，待天亮后再加油。

青藏高原的冬夜，寒风刺骨。不长时间，驾驶室内的余温，便被寒气吞噬了。蓦然，他发现远处有几十个像鬼火一样绿盈盈的"小灯笼"朝这里飘过来。那是一群野狼，少说也有20只。青藏高原的狼凶狠残暴，他早有耳闻。现在竟遇上了狼群，他的心"怦怦"乱跳起来。他立即掏出手枪，压上子弹。

狼群已将汽车包围，它们那凶残贪婪的目光刺穿了夜色。他压抑着内心的恐惧，与狼群对峙着。饥饿的狼群首先发起了攻击，朝驾驶室扑将过来。他麻利地摇下车窗，瞄准狼群射了两枪。只听一声惨嚎，一只狼倒在地上。

枪声将狼群震慑住了，它们稍一犹豫，便慌乱地退去。小战士长吁了一口气，他估计受到惊吓的狼群不会再来袭击了。但为了保险，他还是决定摸黑下车加油。只是，刚才又惊又乏，他便依靠在座椅上稍稍喘息一会

机不可失，时不再来，这是一个浅显而又深刻的道理。在许多情况下，机遇是不允许有更多的时间让你来左顾右盼，而且必须由你自己来拿定主意。你如果任由自己养成要别人替你拿主意的坏习惯，那么在关键时刻，特别是处在"时不再来"的时候，你往往就不会有自己的决断。因此，平时不要受别人的影响，坚持自己的看法，用自己的头脑作决定。

儿。10分钟后,他正准备下车的时候,突然发现那一个个幽灵一样恐怖的"小灯笼"又飘了过来,而且数量比刚才增加了1倍多。

这次,它们径直扑了过来。他又摇下车窗,朝着狼群连射两枪,又有一只狼中弹了。可是,整个狼群只退后了很小一点距离。他在车内能清晰地听到,野狼在哄抢和撕扯"猎物"的声音。饥饿凶暴的野狼,居然在毫无顾忌地吞食同类的尸体,他顿感毛骨悚然。他与狼群进行了一次又一次近距离的拉锯战,直到射完最后一发子弹。

狼群再一次扑了上来。这一次,它们好像经过了一番预谋,一些狼从驾驶室两侧跳起,扑打车窗,以吸引小战士的注意力。另一些则钻到车底下,狠命地撕咬车胎。有两个车胎被咬爆了,满载货物的车厢朝一侧严重倾斜过去……

数日后,运输连的战士们在一些当地牧民的帮助下,才找到了那辆失踪的运输车。被困在车厢里的小战士

> 对于每一个人来说,犹豫不决、优柔寡断都是成功路上的一个非常阴险的敌人。因此在它还没有伤害你、破坏你、限制你一生的机会之前,你就要把这一仇敌置于死地。

> 一个人如果没有决断的能力,那么他的一生,就像浩海中的一叶孤舟,永远漂流在狂风暴雨的汪洋大海里,永远无法到达成功的彼岸。

已经牺牲了。徒劳的狼群也早已经离开，只有那被狼爪划得面目全非的车厢，在向人们默默地讲述着那惊心动魄的一幕。

战士们在驾驶室里发现了一张纸条，是那位小战士在牺牲前留下的："如果开始我能够把握住那10分钟，足可以给车子加上油……"

45. 为心灵找一间宁静的房子

每一次乘车去图书馆，都要经过一幢普通的4层老楼。与那些外表装饰华丽、高大的建筑相比，它就像一位饱经沧桑的老人。那青色的水泥墙面，已被风雨蚀满了数不清的纹痕。

从来没有一幢建筑能够像它一样，将我的心如此深切地打动。无论经过多少次，透过车窗玻璃，我的视线总是被它一次又一次地拉长。

一年四季，除了深秋至初春这段时间，老楼的外墙自下而上，总是被

> **滴水藏海**
>
> 在生活中，有很多看似平淡的东西，只要你用艺术的眼光去观察、去品味，就会有万般风情涌现在你的心间。

"爬墙虎"那苍绿的叶蔓覆盖着。那木格式的窗户，几乎被它们遮掩起来，只显露出一块块蒲扇面大小的玻璃，泛着朝霞或夕阳的余晖，像孩子调皮的眼睛。

冬季，老楼像一位卸了装的演员，青色的水泥骨架被"爬墙虎"那蛛网一般纵横交错的茎蔓罩住了。那些土褐色的茎蔓，时而会泛出淡粉的光泽。它们像老楼面部的皱纹，又像老楼贲张的血管。

在繁华的城市里，那幢被绿叶覆盖的老楼，像一首诗，抑或是一阵清凉的风，从一颗颗浮躁的心头拂过。我不知道，在那些行人当中，有多少会像我一样，用欣赏和渴望的眼神去对待它呢？

我的梦里一直有一间绿房子。

它青色的砖青色的瓦，静静地伫立在半山腰，或旷野一角。葱茏的"爬墙虎"和牵牛花的叶蔓爬满房前屋后。

一味的绿，还是少了一点东西。有了牵牛花的点缀，那绿房子在蝴蝶翩翩的舞姿和蜜蜂的歌吟中愈加活了

譬如，当你在清晨走进河边的森林时，袅袅清音会钻入你的耳朵，清爽的空气会钻入你的鼻孔，露水会沾湿你的衣服和鞋子，迷茫的雾气会遮挡你的视线……

如果你没有一颗艺术的心，对这些美景就会无动于衷，甚至埋怨露水打湿了你的衣服和鞋子。

起来。

绿房子的窗户,也应该是那种古式的木棂窗子。窗外栽一丛美人蕉,任它们肥大的叶子绿油油地生长。

守在绿房子里,我的心是静的,仿佛在一时间摆脱了所有的杂念和愁闷,也不再为赋词所累。

微雨之夜,最使人难以入眠。独坐窗前,聆听雨丝与美人蕉宽大的叶子和房屋四周葱茏的叶蔓拥吻。那是一种何等空灵的声音,我的心顿时变得纯净而悠远,记忆也渐渐清晰起来。我可以轻易地回忆起童年的某一个瞬间,甚至曾经遇过的一个陌生人的微笑。

原来,疲惫的心,仍可以如此纯净和愉悦,像孩童时用天真的眼神去捕捉檐下的雨花,并幻想一尾尾小鱼儿游入视线……

洒满月光的夜,也是诱人的。

我踩着一地月色,脚步很轻很轻,唯恐将那一份静谧踩疼。那一刻,我感觉自己仿佛也化为了一株"爬墙虎"或牵牛花似的,拉扯着它们的枝蔓,开心地随它们一起朝屋顶上攀爬。

如果你有一双善于欣赏和发现的目光,对此你就会有完全不同的体验。你甚至会庆幸自己在纷繁芜杂的尘世,竟然能够走进这样一个美丽迷人的早晨。清新的空气和晶亮的露珠,就会诱发出你全身的激情和灵感,使你精神抖擞地走入明天。

我是绿房子的主人,也是它的庇护者啊!

忽然,我想告诉你一件事情:其实,我们每一个人心中都有一间绿房子,你是它的主人,所以你也是它的庇护者。经常抽一点时间,到自己的绿房子里听一听雨、踩一踩月色,或栽几株绿色的生命为它遮荫,我们那颗被名利和杂念累赘已久的心,才会多一些宁静、淡泊和喜悦。

46. 拥有一座快乐的玫瑰园

有位年轻的喜剧演员,慕名去拜访一位著名的喜剧大师。他虔诚地问:"我如何才能够使自己的表演水平有更大的提高呢?"

那位大师听了之后,微笑着问:"你会笑吗?如果你会笑,那你肯定没有问题。"

在这句听似答非所问的普通话语里面,是否包含着一个深邃的人生哲

> **滴水藏海**
>
> 人生不就是一次特殊的录影吗?请记住,不要让生活的镜头缺少了你纯洁的微笑。纯洁是一种力量,因为它意味着一个人思想的诚实与行为的诚信。

一个人失去了正直纯洁的品格，也就失去了搏击挫折，步入成功的力量。然而，在生活中，人们常常会面临虚伪和堕落的陷阱，一不小心就会丧失正直的品质。可能就是因为有了一次虚伪的经历，看了一些污秽的图片，或者听了一个下流的故事，这些看似细小的放纵，却最终成了堕落的因子。

因此，在保持你正直纯洁品格的同时，你必须正视自己身上的弱点，然后努力摆脱它们的困扰，走向成功，那么你的力量将因此而建立和壮大。当然，你应当记住：正视你的弱点，并不是要你永远退缩在自己的弱点中。

理呢？笑对生活，是一种坦然、豁达和真诚的生活姿态。

有这样一个童话：有一个小女孩，因为面容长得丑陋，她的内心非常自卑，别人很少能够从她脸上见到笑容。幸福女神决定帮助这个小女孩，使她快乐起来。

于是，幸福女神就带她去参观两座玫瑰庄园。当她们走进第一座玫瑰庄园时，里面阳光明媚，鸟语花香，随处可以听到快乐的笑声。在里面遇到的每一个人，都会热情地跟她们打招呼，并且送给她们一个真诚的微笑。之后，幸福女神就问小女孩道："你喜欢这里吗？"

小女孩点了点头说："喜欢呀，这里的人很热情很亲切，就像家里人一样。"

随后，幸福女神又带小女孩走进第二座玫瑰庄园。那里面死气沉沉的，天空阴郁，地上长满了蒿草。玫瑰花也开得无精打采，有好多都已凋零了。她们见到的每一个人，都面带忧郁和冷漠的神情，更没有一个人主动跟她们打招呼。

从第二座玫瑰庄园里出来之后，幸福女神又问小女孩："现在比一比，你愿意生活在哪一座玫瑰庄园里呢？"

小女孩毫不犹豫地回答道："当然是在第一座玫瑰庄园里。"

此时，幸福女神继续问她："为什么第一座庄园里的玫瑰花开得那么美丽，人们生活得那么快乐呢？"

小女孩思忖了一会儿，回答道："因为他们每个人脸上都挂着笑容。"

幸福女神拍了拍小女孩的头说："是啊，当你笑的时候，也就拥有了一座快乐的玫瑰庄园。同时，你也就把自己的幸福分享给了身边的每一个人，他们也会被你引入第一座玫瑰庄园。"

小女孩终于明白了幸福女神的用意。从此以后，她学会了笑对生活。别人都称赞她是一个快乐、善良、懂事的好女孩。

我喜欢这个美丽的童话，更喜欢现实中每一处涌动着笑声的地方。

平时购物，我总是喜欢去一家名叫维客的超市。这倒不是因为这家超市的货物比其他超市丰富很多，也不

其实，每个人身上都有缺点和弱点，但有的人能够治疗它们，有的人则在它们面前束手无策。你不妨了解一下那些事业有成的人士，他们大都能够清醒意识到自己身上的缺点和弱点，立即进行自我反省。然后，将其剔除或者修正，从而避免了将眼前的一个缺点和弱点带到以后的行动中。这就叫明智！

是因为这家超市的服务员比其他超市的服务员更出色,而是喜欢他们贴在置物架上的那些宣传牌:"录影中,请微笑!"

47.浸润心灵的芳香

滴水藏海

有一个盲人在夜晚走路的时候,手中总是提着一个明亮的灯笼。别人看了很好奇,就问他:"既然你看不见,为什么还要提灯笼走路呢?"

寺院的前面,有很大一片坑洼地。每到雨季来临之时,那片坑洼地上就会生出许多深深浅浅的小水潭,茂盛的水草便肆虐开来。而到了深秋,那些水草腐烂了,使周围的空气中弥漫着一股令人恶心的气味,谁也不愿意走近。

有一天,几个放牛的农人从那片坑洼地经过,远远地瞅见老方丈正跟几个徒弟弯着腰,在一个浅浅的水潭里翻挖泥浆。

他们颇为诧异,大声地问道:"你们在做什么呢?"

老方丈直起腰来,笑道:"在播种呀。"

那几个农人面面相觑,其中一个

农人善意地提醒他们说:"这样的涝洼地,什么庄稼也长不起来。再说,往后下雨天越来越多了,说不定在明天,一场大雨就将这个小水潭给淹没了。"

老方丈仍然笑着说:"不播种,哪能有收获呢?"

数日后,一场暴雨果然将那个小水潭给淹没了。

然而,在一个月之后,一些农人惊讶地发现,在那个小水潭的水面上,浮起一片片圆圆的、碧绿的叶子。

哦,老方丈和他的徒弟们在小水潭里播种的,原来是莲藕。

大大的莲叶,很快将水面给遮掩住了。美丽的莲花竞相开放,清香溢满了小水潭的周围。到了秋天,那些可爱的莲蓬,招惹来许多孩子前来采摘。

其他水潭里的水,因为杂草腐烂,很快就发黑发臭了。而栽种了莲花的那个小水潭里的水,始终都是那么清亮。

小和尚在担水洗衣的时候,还会下到水里去,摸几个白白嫩嫩的莲藕上来,带回寺院里煮菜。

后来,附近的农人纷纷到寺院里

那个盲人满心欢喜地说:"这个道理很简单,我提上灯笼走路,不是为自己照路,而是给别人提供光明。我手里提着灯笼,别人就容易看到我,不会撞我身上了。我在保护自己的同时,也给别人带来了方便。"

> 在生活中，如果你能够尽自己最大的力量播种奉献的种子，那么，生活必会循环回报给你。你奉献得越多，得到的就越多，它能够使你的财富增值。

来，讨要莲藕栽种。老方丈就吩咐徒弟们，把那些长大的莲藕从水潭里挖上来，然后再分成段，分给那些欲栽种的农人们。

不到几年的时间，寺院门前的那些水潭里面，都长满了碧绿的莲叶。每到莲花盛开的季节，花香溢满了寺院的上空。

有一次，一位游僧前来寺院"挂单"（暂居）。在寺院门前，一阵风儿拂过，携来缕缕沁人心脾的清香。

那位游僧深深地吸了几口，朝身旁的老方丈问道："师父，这是从哪儿飘来的香气，如此怡人？"

老方丈捻髯笑道："这是来自掌心的芳香。"

48. 给生命留下一把备用的钥匙

1912 年 4 月 10 日，在世界航海史上，曾被骄傲地誉为"永不沉没的巨轮"的"泰坦尼克号"，载着 2207

名游客，从英国的南安普顿起航，开始了它的处女航。根据"泰坦尼克号"所属白星航运公司的航程安排，它将在当月 16 日抵达美国的纽约港口。

"泰坦尼克号"犹如一座豪华的皇宫，它体长 269 米，相当于三幢半住宅大厦的长度，并且拥有 16 个排水舱。

当时，身为船长的爱德华·史密斯为了赢得北大西洋远洋轮的最高荣誉奖——"蓝飘带奖"，竟然选择了一条线路较短的夏日航线来横越太平洋。而在冬天，过往的船只为了避免与冰山相撞，通常不会选择这条潜伏着凶险的航线。

在"泰坦尼克号"起航之前，白星航运公司的老板曾临时改变注意，决定从别的船上调来一位经验更加丰富的船员，将先前 37 岁的船员大卫·布莱尔换下。

因为时间仓促，布莱尔在下船的时候，将原先由他保管的密封工具箱的钥匙给带下船来，而船员用来放哨的几架望远镜都保存在那个工具箱里面。

在轮船驶出港口数十海里之后，

滴水藏海

一些看似微不足道的疏忽或坏习惯，会给你带来莫大的羁绊，甚至使你曾经所有的努力功亏一篑。

如果你任由它们在你的身上肆意泛滥，就会给自己的生活埋下凶险的祸根，最终给自己造成一些无谓的损失，甚至是无可挽回的悲剧。因此，请不要放纵身上的任何一个不良的习惯。只要发现了，就要毫不犹豫地剔除！

史密斯船长才发现了这个问题。如果返航，肯定会耽误不少时间，而且还会给公司的声誉造成不良影响。他认为凭借自己数十年的航海经验，再加上那些出色的船员，即使不借用望远镜，也会安全抵达纽约。史密斯船长对此次航行非常自信，他甚至下令以22节（等于时速41公里）的全速，在北大西洋的冰川海域前进。

然而，在4月15日凌晨，"泰坦尼克号"在全速行进中，因为躲闪不及，与巨大的冰山突然相撞。这艘巨轮自右舷至船身中央被撕开一道90米的裂缝，海水疯狂地涌入船体，最终沉没海底，造成了1513名游客遇难的惊天悲剧。

2007年9月22日，一把看似普通的钥匙，在英国拍卖行以高达7万英镑的价格起拍。这把钥匙，就是90多年前，被布莱尔从"泰坦尼克号"上带走的那把钥匙。

就是这把普通的钥匙，差点改变了"泰坦尼克号"的命运。

布莱尔在匆忙之中将那把钥匙带

下船之后,放哨的船员在没有望远镜的情况下,只能以肉眼观察前方的障碍物。等他们发现海洋上的冰山时,一切都为时已晚,最终酿成了"泰坦尼克号"沉没的重大悲剧。

事后,"泰坦尼克号"生还的船员佛雷德·弗利特在接受调查人员的调查时,无限痛悔地说:"如果有望远镜的话,我们就可以早一些发现冰山。"

调查人员继续问:"可以提早多长时间?"

他回答说:"足够我们避开冰山。"

49. 哭是一天,笑也是一天

每次晨练的时候,我总要经过一个水塘。那个水塘看上去面积得有数十亩大小,里面生满了蒲草。

有一天,我忽然发现水塘边搭起一间简易的板房。以后,我便时常见到一位老人在水塘边溜达,他的身旁跟着一条黑黄相间的狼犬。那条狼犬

滴水藏海

日子,从来就不会因为你的伤痛和迷茫而停下脚步。那么,你为什么不能给生活一张灿烂的笑脸呢?是啊,只要你的心中怀有一片净水,明天就永远充满着希望。

长得很威猛,然而在老人的身边却显得异常温驯。

那天早晨,我跟老人走了个对面。老人满脸笑容地跟我打招呼说:"怎么这几天没有见你出来晨练呢?"

哦,原来老人像我悄悄地注意到他一样,也早已经注意到了我。于是,我便告诉老人,昨天我才跟几位朋友从河南旅游回来,前前后后有一周的时间吧。

老人笑着点了点头。

然后,我就问他:"你在水塘边搭起那间板房干什么呢?"

老人一边抚摸着身旁的那条狼犬,一边对我说:"这个水塘一直闲置着,挺可惜的。我就承包下来,往里面投放了一些鱼苗。我呀,原先住的平房拆迁了,刚分下一套楼房。可是我住不惯楼房,再加上不舍得将这条陪伴我多年的狗送人。我就把楼房租了出去,到这儿来养鱼。"

之前,我已经猜到老人是利用这个闲置的水塘养鱼,但是,我没有想到他竟然为了那条狼犬,而放弃居住

每个人的心里都有一幅"理想蓝图",你相信自己是什么,你就会是什么。如果没有你的允许,在这个世界上,没有人能使你觉得低下。

楼房的舒适条件。

再后来，我发现水塘边竖起了两个招牌，上面写着："欢迎钓鱼者前来垂钓，每位10元。"此时，水塘里放养的鲢鱼已经长到1斤左右了。偶尔，还有垂钓者从水塘里钓上二三斤重的大鲤鱼，那是以前水塘里自然生长的。老人见到有人钓上大鱼来，总是乐呵呵地上前给人家道贺。

因此，只要天气好，在水塘边总是有不少开车前来垂钓的钓鱼迷们。

那天，我陪一位朋友前去钓鱼。朋友最近在工作中受到一点挫折，刚从一个部门经理的位子上降下来，心情一直很苦闷。于是，我便约他出来钓鱼散心。

朋友在钓鱼的时候，一直心不在焉的，大半天才钓上几条小鲫鱼，而且都被他摘钩之后又扔到水塘里去了。晌午，我们打开自备的啤酒和几包真空包装的菜肴，并邀老人一起坐下。

老人诧异地问我的那位朋友："你怎么一直愁眉苦脸的呢？"

朋友叹了一口气，自嘲道："别提

你应该接纳自己，相信自己的能力。在奔赴目标的道路上，你千万别对自己说"不"。因为"不"会动摇你的决心，使你放弃目标，最终像大多数人那样，半途而废，前功尽弃。

了,我感觉天底下没有比我更倒霉的了。"继而,我就把朋友在最近所遭遇的烦心事告诉了那位老人。

老人听了之后,竟然笑了起来,而后他说:"这点芝麻小事算什么呢?我的遭遇比你复杂多了。我的妻子,在两个孩子还小的时候就病故了。在5年前,我的儿子又在一次车祸里丧生,唯一剩下的女儿在大学毕业之后,又嫁到外地。因为路途遥远,她一年当中难得回家几次。你说我够不幸的吧,可是我从来没有像你这样心灰意冷。不管怎么样,日子总是要过的。你哭是一天,笑不也是一天吗?"

老人说到这儿,便起身指着附近另一个空闲的小水塘说:"你们看,那个小水塘里为什么没有一棵蒲草呢?因为前面那家工厂的一条污水管道正好流经那儿,它里面的水都被污染了,所以它就成了一片死水。而我始终这样认为,只要你的心里怀有一片净水,那就会永远有希望存在。"

我和朋友都被老人的话语给感动了。此刻,我不知道朋友的心里在想

> 因而,不管你遇到什么样的挫折和危机,你仍然有创造的潜能。只要你冷静而正确地思考,然后果断地去做,就会创造出新的奇迹。

些什么，而我却从中体味到一个深刻的道理：在生活中，我们往往会因为一时的失意或不幸，而失去生活的勇气和信心。其实，这是一种多么愚昧的心态啊。

50. 别让自己跌入自私的陷阱

有条健壮的猎狗，它奔跑的速度非常快。因而，它深得主人的喜爱。有一天，主人带它一起外出狩猎，在山谷里发现了一只羚羊。猎狗为了讨得主人的欢心，它决定亲自将那只羚羊逮住，然后送给主人。

于是，它不顾主人的呵斥，奋力朝那只羚羊扑去。追出了很远，猎狗渐渐没有了力气，而那只羚羊却越跑越快，渐渐地从它的视线中消失了。

那条猎狗只得垂头丧气地返回主人身边。主人因为它破坏了自己的狩猎计划，而且还将那只羚羊放跑了，便狠狠地教训了它一番。

滴水藏海

有一位先哲曾经说过："上天赐予人类两只眼睛，就是让人们用一只眼睛看自己，另一只眼睛看清自己身边的世界。"

是啊，一个人如果把两只眼睛都盯在自己身上，便会比盲人还盲。盲人目盲心明，而自私者的心理是很晦暗的。

狩猎回来之后，主人对它差劲的表现仍余怒未消，连续几天都喂给它一些已经馊了的食物。这条猎狗非常懊恼，自尊心也受到了极大的伤害。它暗暗发誓，自己一定要逮一只羚羊回来，好让主人对它刮目相看。

于是，猎狗就拜一匹老马为师，苦练奔跑术。经过几个月的苦练之后，猎狗奔跑的速度有了飞速提高，连老马都对这个徒弟感到十分满意。

那天，主人又带它一起出去狩猎，他们又遇到了先前那只羚羊。这次主人非常谨慎，再三警告跟在身边的猎狗不要轻举妄动。然而，猎狗并没有将主人的话放在心里，它的脑子里一直在盘算着，如何凭借自己刚从老马那儿学来的奔跑术，逮住那只羚羊。只有这样，主人才会对它刮目相看。

在距离那只羚羊还有几十米远的时候，猎狗已经完全忘记了主人的警告。它"嚓"地一下，蹿上前去。结果，这次猎狗还是没有追赶上那只羚羊。主人气得七窍生烟，朝地上狠狠开了一枪。

主人也没有料到，子弹竟然打在

在生活中，有那样一种人，他们在道德上存有缺陷，为了自己的私利，从不顾及别人的利益，甚至是不择手段，他们通常被称为"小人"。小人是很难赢得别人尊重的，一个得不到别人尊重的人，在社会上往往会变得孤立无援，无所作为。

了猎狗的一条腿上。猎狗惨嚎着，痛苦地趴在了地上，鲜血流了一地。

经过医治之后，猎狗腿上的伤口尽管愈合了，但它却留下了残疾，走起路来总是一瘸一拐的，奔跑的速度也大不如以前。主人见它已失去利用的价值，便将它赶出了家门。猎狗变成了一只流浪狗，靠在垃圾堆里寻找食物度日。

有一天，猎狗在野外意外地遇到了那只羚羊。羚羊站在远处，警觉地察看着猎狗的一举一动，时刻准备着逃跑。然而，它却惊讶地发现，从前那条威猛的猎狗已经变成了一条瘸狗。

猎狗有气无力地吆喝道："嗨，羚羊先生，你不用害怕。你看到我现在这个样子，就能够猜到我的处境了。现在，我连一只野兔也追赶不上了。"

羚羊听了之后，诧异地问："那你是怎么搞成这个样子的？"

猎狗没有直接回答，却茫然不解地问了羚羊一个问题："现在，我想请你告诉我一个答案，为什么上两次距离你那么近，而我用尽吃奶的力气也

> 请你记住，无论做人还是做事，你都不能感情用事，被自私的心态所控制，一味地只图一时痛快，而全然不顾别人的感受。倘若是这样，你终有一天，会跌入你为自己挖掘的陷阱。

> 当然，如果在生活中，你始终用一颗热情的心给予别人以服务和帮助，那么你的生命一定会闪烁着光彩，充满着喜悦和快乐！

没能追上你呢?"

羚羊讥讽道:"因为我是为了生存,而你是为了靠坑害别人来讨取主子的欢心!"

猎狗听了,懊恼地叹了一口气,而后一瘸一拐地走开了。

51. 让生命泛出爱的绿意

滴水藏海

生活,是由一个个平凡而细碎的日子组成的。也许,不经意间,你在生活的道路上撒下了一粒粒种子。而直到有一天,当它们长成参天大树,给你带来丰硕果实的时候,你才会恍然大悟,原来,生活中有很多的奇迹,就是发生在你不经意的言行当中。

每一次去文化市场的旧书市上淘书,我都会经过一个略显偏僻的转角。在那个转角处摆摊的,是一位年近六旬、身形枯瘦的老者。他所卖旧书的品种,要比附近其他那些书摊少许多。即便是这样,在不多的旧书中,还被一些过期的教辅读物占去大半。因此,老人的书摊前总是显得有些冷清。

我从他的书摊前经过时,也很少逗留。几乎每一次,都见他眯缝着眼睛坐在马扎上打盹,好像同行们热闹的生意与他无关。

刚开始,老人的书摊唯一引起我

注意的一点，就是摊前那一摞开本很大的旧书。其实，那一摞旧书只不过有五六本。因为每一本书都非常厚，所以看上去它们足有1米高。那些早已泛黄的纸页，很容易使我联想起那些古老的经书。

于是，我俯下身去，颇为好奇地翻开其中的一本，里面竟是一些密密麻麻的、排列有序的针眼。

此时，老人在一旁微笑着说："这些都是盲文书，你需要吗？"

哦，这时我才注意到在书的封面上，印有"中国盲文出版社"的字样。我摇了摇头走开了，心头还升起一种莫名的尴尬。忽然，我感觉自己跟那一摞书的距离一下子变得异常遥远，也包括老人的书摊。

那天中午，当我拎着一捆刚挑选的旧书从老人的摊前经过时，只见在他的摊前蹲着一个十六七岁的男孩，他正在专心地翻阅着那一摞盲文书中的一本。他的肩上还背着一个大大的帆布包。

因为好奇，我走到那个男孩的近

> 一个善意的微笑、一句关爱的话语、一次小小的爱心行动，都有可能为你的人生镀上金色的光彩。

前。而他好像一点都没有注意到我已经走到他的身边,仍认真地翻阅着手中的书。

这个时候,我才发现那个男孩原来是一名盲人。他用手轻轻地在那一排排针眼上触摸着,每翻过一个页码,他都会小心翼翼地将页码的折角抚平。那本陈旧的书,在他的手中显得有些珍贵。

过了一会儿,男孩欣喜地抬起头来问道:"老伯伯,这本书卖多少钱呢?"

我才发现男孩翻阅的是一本名为《光明之路》的盲文书。从封面上印刷的小标题,我知道书里面收集的都是一些由盲人作者创作的文章。

老人笑道:"你要是喜欢,我就送给你吧。"

那个男孩却摇了摇头说:"那不行,您猜我刚才在书里读到了什么呢?"

我和老人都有点诧异地看着他。

男孩将手指再一次放到刚才翻阅的那张页码上,轻声读了起来:"当别人送给你一个温暖春天的时候,你就要努力使自己的生命焕发出绿意,作

> 让我们学会付出吧!同时,我们还要像那个双目失明的男孩一样学会感恩。当我们受到别人热情帮助的时候,无论得到的多与少,我们都要努力使自己的生命泛出绿意,作为爱的回报!

为爱的回报……"

老人的脸上写满了赞许，而后他干脆地说："那你就给我留下2元钱吧。"

男孩一边掏钱，一边跟老人道谢。然后，他弯腰捡起地上的那根用铝合金制作的盲杖，慢慢地走开了。

而接下来我跟老人的谈话，或许有点明知故问的意思："老师傅，那么厚重的书，你为什么只卖给他2元钱呢？你就是拿去卖废纸，也不止2元呀。"

老人听了，很认真地解释说："那个孩子虽然眼睛看不见，但是我想他的心一定是明亮的。其实，我刚才是想免费送给他的，可是你也看到了吧，他需要的不仅仅是施舍，还有尊重。我真高兴，能送给他一个春天。"

我被老人的话语给深深地打动了。

是啊，在生活中，对于我们只是一点微不足道的付出，在那些需要它们的人眼里，或许会变成一个温暖的春天，使他们不再畏惧寒冬的风雪。

52. 人生的指南针

那是在某个大学的毕业典礼上,其中一些毕业的大学生们,纷纷带着笔记本来到一位老教授的身边,请他签名留念。那位老教授在签名的同时,顺便送给每一名学生一个小小的指南针作为礼物。

那些收到指南针的学生们,都有些迷惑不解。

之后,那位老教授意味深长地解释道:"我希望你们在以后的人生道路上,怀里时时刻刻都揣着一个指南针。在它的指引下,每个人最终都能够到达自己理想的目标。"

那些毕业的学生们恍然明白了,原来,在那个小小的指南针上面,蕴含着一份浓浓的期盼和一个深刻的道理。

有个小男孩中学毕业之后,进入

> **滴水藏海**
>
> 一个人的精力是有限的,如果你把精力分散到很多事情上去,希望每一件事情都能够做得那么出众,都会时时给自己带来惊喜,那是不切合实际的。而这样的选择,也不算是明智的选择。

一家机械厂做钳工。但他从小就酷爱音乐,他最大的梦想就是将来能够成为一名音乐家。

然而,因为家境贫寒,他不得不选择辍学。因此,他既不能接受专业的训练,又没有足够的钱来购买乐器。

可是,他并没有因此而放弃对音乐的追求。买不起昂贵的钢琴,他就自己用纸板制作成模拟黑白键盘。他在用纸板做成的键盘上反复练习贝多芬的《命运交响曲》时,竟然把10个手指头磨出了厚厚的老茧。

他还学习自己作曲。后来,他就用作曲挣来的稿酬,买了一架"老爷级"的钢琴。拥有了钢琴的他如虎添翼,他的演奏水平有了飞速的提高。

他在创作的时候,经常进入忘我的境界,甚至忘记了与恋人的约会。因而,他交了几个女朋友,最后都跟他分了手。而那几个女孩对他的评价是:"音乐白痴""神经病"。

无论走路还是乘坐地铁,他的口袋里总是装着一本笔记本和一支钢

做事情必须有个明确的目标,这不仅能够帮助你培养出迅速作出决断的习惯,还会帮助你把全部的注意力集中到一项工作上去,直到你完成这项工作为止。

建议你从现在起,专心致志地做好一件事情。这样做,将来对你来说,就一定会有好的收获。

倘若,你在刚踏上社会时,一出手就准备做许许多多的事情,这样你往往会虎头蛇尾,反而一件事情都做不好,结果当然是两手空空。

一个人如果想达到成功的目标,并拥有一个理想的人生,就必须怀揣着一个方向明确的指南针去跋涉。只有当你的心中拥有一个坚实目标的时候,你的人生才会变得更加富有意义和活力!

笔,随时准备着记下瞬间萌发的音乐灵感。然后,将它们当作以后创作新曲目的素材。即使在睡觉的时候,他也经常会从被窝里爬起来,打着手电筒写曲子。

后来,在第67届奥斯卡颁奖大会上,他以闻名于世的动画片《狮子王》的音乐而荣获最佳音乐奖。那年,他才37岁。

他就是好莱坞著名电影音乐创作人汉斯·季默。

53. 洒下一路纯净的笑声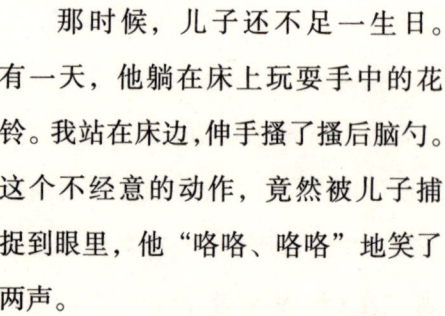

那时候,儿子还不足一生日。有一天,他躺在床上玩耍手中的花铃。我站在床边,伸手搔了搔后脑勺。这个不经意的动作,竟然被儿子捕捉到眼里,他"咯咯、咯咯"地笑了两声。

于是,我就故意做出一个搔后脑勺的动作,每搔一下都会逗得儿子"咯咯"笑个不停。我的这个动作滑稽有趣吗？可我一点都没有感觉出来。可是，在儿子的眼里，我的这个动作一定非常有趣，要不他怎么能这般开怀大笑呢？

儿子的笑声，应该是发自心底的最纯洁的声音。此刻，我被儿子的笑声深深感染了。在许多年以前，我也一定像儿子现在的情形一样，天真、无邪、快乐地笑过吧！

然而，随着年龄和阅历的增长，我们脸上的笑容渐渐被世俗的浮尘给遮掩住了，笑声也不再像儿时那般纯美。现在，我们的笑声大都显得勉强、虚伪或心不在焉，就如同舞台上的假唱歌手，再怎么卖力掩饰，也会给人一种形神不一的感觉。

如果在一个人的笑声里，能够少一些私欲、奉承和伪饰的成分，那么他（她）的心灵一定是健康和快乐的。这个世上，还有什么能够比拥有一颗健康纯净的心更美好的事物呢？至少，我是这样认为的。

曾经，有些心理学专家做过一个

滴水藏海

快乐的心情不但能使你感受到朝气蓬勃和旷达安适，同时也会使你拥有清醒的回应能力。每个人的一生，都会遇上挫折，无论错在自己，或者过在别人，你都一定要以宽恕之道面对现实。困难总会过去，只要不从怨恨出发，不坠入恶劣情绪的苦海，你就不会产生偏见，或误入歧途。

> 有人把苦闷和忧郁，比作是精神商店里的最大最凶的"窃贼"。原本你是一个好端端的人，正是精力旺盛、精神饱满的年纪。如果你放纵这个"窃贼"，成年累月地光顾你，它就会"偷"空你的精神，萎缩你的灵魂，使你渐渐变得精神空虚、丧魂落魄一般。因此，你应当尽快将苦闷和忧郁这个"窃贼"绳之以法，让它彻底远离你的世界。

> 人生之路，大都不是一帆风顺的。它有风雨，也有坎坷，只有经历过风雨磨砺的人生，才会光彩四射。那么，走在这条路上，我们为什么不能洒下更多纯净和关爱的笑声呢？

"笑声功效"的实验，他们得出这样一个结论："一次开怀大笑，抵得上三次晨练。"

原来，笑声是这么神奇呀，可以用来健身。当然，我想这样的开怀大笑一定是那种没有欲念和功利熏染的，像婴孩一样纯洁健康的笑声，否则是不会有这种功效的。

我认识一位年近百岁的老人，他的身体十分硬朗，徒步走上五六里路，心不虚气不喘。后来，附近一家医院在为老人做体检时发现，老人的心脏竟然保持着30岁的活力。

老人并不懂什么养生之道，而且因为生活拮据，他也从来没有吃过那些名贵的滋补品，一年四季大都吃粗茶淡饭。唯有一点，他每天都少不了酒，但他每顿只喝一盅，从不贪杯。另外，老人心胸开朗，从不因为一些鸡毛蒜皮的小事情与别人计较。

不管老人走到哪里，现场的气氛总是活跃的。因为，老人三句话不离本行——说笑话，而且那些笑话大都是他自己编的。那些土得掉渣的笑话，只要一从他的嘴里冒出来,准会把别人逗得开怀大笑。

> 一路笑过,一定好美好动人!

54. 每天给自己一份奖励

1982年6月24日,英国航空公司的一架波音747班机,正在印度洋上空向澳大利亚和新西兰飞去。突然间,机上4部发动机莫名其妙地熄火了。

机上共载着261位乘客和机组人员,其中多数乘客是澳大利亚人和新西兰人,他们是去欧洲度假或出差回国的。夜空漆黑,乘客和乘务员们谁也不知道飞机是冲向大海还是陆地。

飞机振动得十分厉害,一些乘客甚至认为飞机即将在空中散架。整个机舱都被死神恐惧的魔爪牢牢控制住了,一片死寂。

突然,机上的灯火全部熄灭了,舱内一片漆黑。此时,深深的恐惧感,使每一位乘客都预感到灾难马上就要

滴水藏海

> 你曾经认真思考过幸福的定义吗?其实,幸福并非来自你所买、所求以及被给予的任何东西。

> 幸福就像"加隆根滑翔俱乐部"的那些成员一样,他们都在为每一天的健康生活而感到幸福。

降临。

一些人在做祈祷,一些人在哭泣,还有一些人一声不吭地坐着。母亲们紧紧搂着自己的孩子,夫妻们拥抱在一起互相道别,即使陌生者之间,也相互紧紧地握住了手……

就在乘客们等待着死神降临的那一刻,突然,一个发动机"噼啪"地响了起来,又一个发动机恢复了工作,接着第三个、第四个发动机也恢复工作了。激动的乘客们几乎不敢相信自己的耳朵。

机长宣布:"女士们先生们,我们似乎已解决了问题,成功地使发动机恢复了工作。我们正在飞向雅加达,大约15分钟后,可以在那里降落。"

舱内立即欢腾起来,有的人启开香槟酒祝贺。此时,飞机已升到15 000英尺的高度。20分钟之后,飞机稳稳地降落在雅加达机场。在飞机徐徐停下的那一瞬,机舱里爆发出一阵阵热烈的掌声和欢叫声,其中还夹杂着一些女乘客喜极而泣的哭声。

调查小组经过一番缜密的调查,

在平凡而忙碌的生活中,你一定要学会奖励自己。一个成功的人,更加懂得奖赏自己。不管过去失败了多少次,都没有关系。重要的是记住了自己的成功,加深印象,认真研究。

在生活中,你应该用积极的眼光发现自己,对未来充满自信。自我奖赏能够诱发光明积极、活泼开朗的个性,从而奠定你自信的基石。有了自信为基础,等于你向成功的目标迈出了一大步。

发现了发动机熄火的原因：原来，在距离雅加达 170 公里处的西爪哇加隆根火山爆发后，形成一片较大的火山灰云。当时飞机在穿越这片火山灰云时，发动机由于缺氧而导致熄火……

一场灾难避免了，没有一个人受伤。

这一事件虽然过去许多年了，但对于那些当事人来说，他们一辈子也不会忘记。一些乘客和机组人员，为此组成了一个生还者俱乐部，名字叫"加隆根滑翔俱乐部"。每年 6 月 24 日这一天，他们都要举行庆祝活动。

在接受媒体记者采访的时候，他们都会说："我们的每一天都是额外的奖赏，而现在生活中遇到的一切问题都比不上 6 月 24 日所发生的事件那样危急和绝望。所以，我们每天早晨都要互相祝愿'日幸福'！每晚也要互祝'夜幸福'！"

> 因此，你千万不要忽视了自我奖赏的作用。即使一个简单的奖赏，也可以使你获得自信和积极行事的动力。尤其是在你遇到一份艰难工作的时候，更需要如此。

55. 诚信是一种财富

这是一个发生在我身边的真实故事,大约在5年前,一个20余岁的年轻人,在一家外资企业担任财务主管。当时,公司里只有十几名员工,所以他不仅负责公司的财务,也兼做一些其他的业务。

不幸,这家公司由于营运不佳,面临倒闭的厄运。消息一经传出,其他的员工纷纷辞职离去,有的还带走了公司的一些业务资源。唯有这个年轻人坚持到最后,他帮助那位韩商老板,把所有的业务处理完毕,并且把公司里所有剩余的资金连同账本,清清楚楚地交还到老板的手中之后,他才离开公司。

大约在一年之后,有一天,那个年轻人忽然接到一个电话,是先前那名韩商老板打来的。

滴水藏海

对于这个关于诚信的故事,我们没有必要去追究它的真伪。重要的是,它给我们带来的警示作用是非常深刻的:诚实守信,是你立身处世之本,也是你人生的宝贵财富之一。

原来，那名老板经过深刻的反省之后，终于找到了以前失败的原因。于是，他又筹措了更大的资金，重返中国市场开创自己的事业。而他想到的第一个可值得托付的人，就是上面那个年轻人。他邀请那个年轻人，担任新公司经理的职务。

有这样一个关于诚信的故事：从前，有一座名叫"诚信"的小城，居住在里面的市民，都谨守着诚信的誓言。如果有哪个人一时失去诚信，那么他的亲朋好友，包括爱人就会为他的行为而感到耻辱，并疏远他。从此，这个失去诚信的人，就只能生活在孤独的阴影里。

其实，这座小城以前并不是叫"诚信"。他们之所以将其改为这个名字，是想时刻提醒后人，他们的先人曾为失去"诚信"，而付出过惨重的代价。

那是在很多年以前，这座小城里鼠害成灾，扰得市民们无法正常生活。最后，市长发出紧急通知：如果谁能够治理鼠害，市政府将发给他们一笔巨额奖金。这笔奖金由政府承担一部

一个缺少诚信的人，就像一只果蝇，即使再华丽的外表，也掩饰不了他私心的丑陋。而诚信，乃是一个人的人品所散发出来的自然芳香。一个人的人生价值如何，完全取决于你所散发的这种芳香的浓淡。

在生活中，一个守信的人，能够很容易赢得别人的信任，给自己的事业带来众多良好的发展机遇。因此，你要让你的信用代表自己，让你的名字走进每一个与你打交道的人中。你要让别人信赖你，觉得你是一个可靠的人。这对你个人形象的树立、个人事业的发展都是极其重要的。

> 尤其是在竞争日益激烈的商海里面，重诺守信，更应该成为你事业成功的一条准则和方法。

分，另一部分则分摊给城里的每一户居民。

不久，有一个衣衫褴褛、其貌不扬的老人主动找到市长，表示愿意帮助治理鼠害。市长同意了他的请求。老人就从身上拿出一支笛子，在城市各条街道上吹奏一支怪异的曲子。一听到笛声，所有老鼠都从房子和下水道里爬出来，跟着吹笛老人走向城外的一条水流湍急的大河，纷纷落水溺死了。

而当吹笛老人要求报酬时，市长竟拒绝履行诺言，市民们也没有一户愿意主动出钱的。

吹笛老人在盛怒之下，再一次在街道上吹奏起另一种奇怪的曲子。此时，城里的儿童都跟随着吹笛老人进入城外一个山洞里，消失不见了。被吹笛老人拐走的300多个儿童，只有2个有幸逃回来，但一个是哑巴，另一个是瞎子。

56. 剪掉心头的死结

我乘长途车到外地去采访一位制作年画的老人。在我的旁边,坐着一位年轻的母亲,她的怀里抱着一个三四岁的小男孩。从一上车的时候,那个小男孩就在不停地哭泣。

我就逗他说:"你都这么大的男子汉了,还好意思哭鼻子?"

他的母亲笑道:"刚才在车站上,他非吵着让我给他买一个轮船模型。因为没有满足他的要求,所以就跟我耍小脾气。"

小男孩听了妈妈的话,显得愈加伤心,他哭泣的声音就更大了,惹得周围不少乘客投来厌烦的目光。那位母亲狠狠地数落了儿子一通,小男孩才憋住哭声,但仍在母亲的怀里轻声啜泣。

此时,在小男孩失望的脸蛋上,

> **滴水藏海**
>
> 在痛苦和挫折面前,我们这些成年人很难将内心的苦闷和忧郁,像那些可爱的孩子一样,将它们轻松地化解。

只是因为遭受一次事业的挫败,便感到前途黯然无光;只是因为经历一次情感的打击,便对婚姻生活充满了绝望和恐惧;只是因为一位亲人的不幸离世,便痛不欲生,失去了生活的勇气……这些悲观的情绪,最终会在你的心里郁积成一个个难以打开的死结。

因此,你应该学会做一个生活的智者,努力发掘可以给你的生活带来希望和收获的契机。而在孩子们的身上就有许多东西,值得你认真品读和学习。

露出了疲倦。渐渐地,小男孩依靠在母亲的怀里睡着了。在他眼角的睫毛上,仍然挂着一颗晶莹的泪珠。

我看着那个睡熟的小男孩,尽管刚才他遭受了一次小小的挫折,尽管他的心里满是委屈,但他仍是幸福的。因为他能够通过眼泪,将不满的情绪和心中的委屈,轻松地从内心化解出来,就如同他母亲所说的:"等他睡醒之后,除了想着玩,啥不顺心的事情都忘了。"

有些时候,我会这样想,我们成人的心灵与孩子的心灵相比,是否要脆弱许多呢?

曾经读过这样一个故事:有一个妇人的丈夫不幸去世了,她感觉就像天塌下来一样。每天,她都以泪洗面,精神变得越来越恍惚。

一天,她在街头看见邻居家的一个小男孩,正抱着一只死鹦鹉在伤心地哭泣。小男孩手中的鹦鹉,是被妇人家的那只猫给咬死的。她就俯下身子劝说那个孩子:"孩子,你别傻了,你再怎么伤心,它也活不过来了,等我赔你一只好吗？"

小男孩听了，气恼地说："你怎么知道鹦鹉活不过来呢？你不也是每天都在哭泣，希望你死去的丈夫活过来吗？"

此时，小男孩说的这句气话，突然把她点醒了。是啊，生者再怎么悲痛，也换不回来逝者的生命。只有好好地活着，才是对逝者的最大安慰。

她蓦然感觉到自己肩上的责任还很重，有两个年幼的孩子需要她抚养，有年迈的公婆需要她照顾。对她来说，人生还有很长的道路要走。

> 如果忧郁和失望已经在你的内心郁积成了一个死结，那你就应该像孩子一样，果断地剪掉心头的死结吧！

57. 安逸是一个无情的陷阱

有一只凶猛的老虎，在生存环境日益恶劣的山林中，它机智地逃脱了偷猎者一次又一次布下的陷阱，而且它还先后生育了9个子女。尽管有2个子女死在了偷猎者的枪口之下，但它仍称得上是一只骄傲的虎妈妈。

为了生存，它每天都要冒着被猎

滴水藏海

那只老虎在野外恶劣的环境里,每次都能够顺利自行分娩。可是,它为什么在生活无忧的情况下却形成了死胎呢?专家们最后分析的结论,是因为那只老虎的生活条件太好,缺乏运动而导致的。

一只老虎的死亡,是否也会给我们带来一种深层的思考?一个人的生活一旦沉湎于安逸与无所事事当中,是否也会像那只悲哀的老虎一样,在悄悄地抹杀自己的生命呢?

杀的危险四处觅食。当然,它也深知自己所处的危险境地。因而在每一次捕食时,它都会十分机警。

后来,有一组科考队员在野外的山林里发现了它。他们为了拯救这些濒临灭绝的生命,决心将它捕获,进行人工饲养。经过一个多月的努力,他们终于将那只凶猛而机警的老虎捕捉到了。

它被送进一个动物园里,进行人工饲养。陡然远离了山林,被关进这个狭小而封闭的铁笼子里,老虎感到非常郁闷和愤怒。它经常在笼子里不安地踱步,不停地朝铁笼外面的游客咆哮。有时候,它会突然扑上前来,用钢牙撕咬着笼子的铁柱。它的愤怒,对于笼子外面的游客虽然是有惊无险,但仍吓得一些游客面色苍白。

日子一天天地过去了,老虎发现自己的愤怒只是徒劳,自己的利齿对于铁笼没有丝毫的损伤。它感到绝望了,便不再反抗。它就像隔壁的那两条狼一样,懒洋洋地趴在笼子里,任由外面的游客指指点点。偶尔,它也会起身打几个哈欠，悠然地踱上几步。

老虎不再为食物发愁，因为每天管理员都会把整块的新鲜牛肉、羊排送来。它更不用担心狩猎者的陷阱，因为在铁笼子里是绝对安全的。

每天除了吃饭就是睡觉，它的身体逐渐变得臃肿起来。最后就连它的生育权，也由管理员一手包办了。后来，那只老虎再次怀孕了。

可是到了分娩的时候，它却艰难地产下了一个比正常虎崽大几倍的"超级虎崽"，而且还是一个死胎。

产下那个死胎之后，那只老虎已经累得瘫倒在地上，一副气息奄奄的样子。随后，那家动物园紧急求助的专家们赶来，对那只老虎进行检查。他们发现，在老虎的体内还有两个死胎。如果它不能及时分娩出体内的死胎，等待它的结果只有死亡。

于是，专家们只能对其实施麻醉，进行人工取胎手术。可是，在手术后不久，那只骄傲的虎妈妈终因没有度过危险期而死去。

懒惰、好逸恶劳是万恶之源，懒惰会吞噬一个人的心灵，就像灰尘可以使铁生锈一样，懒惰可以轻而易举地毁掉一个人。

真正的幸福，决不会光顾那些精神麻木、四体不勤的人。幸福，只潜藏在辛勤的劳动和晶莹的汗水中。

58. 舍弃不必要的虚荣

有个年轻的禅师,应邀到某地布经。在到达之后,他首先向众人表明,他是智禅法师的徒弟,一直在跟随师父参禅,并深得师父的赏识。尽管,他的禅释也算得上精到,但在布经之后,人们仍然认为他与智禅法师的差距太大,摇头表示失望。

归来之后,那个年轻的禅师,便将此行的不快告诉了智禅法师。智禅法师笑着问道:"你一定提到老衲的名字了是吗?"

那个年轻的禅师回答说:徒儿一开坛就告诉他们,我一直在跟着您参禅。"

智禅法师点拨道:"这就对了,他们需要的是你身上的亮点,而不是背后那一轮虚无的光环。你只有摆脱它,才会拥有真正的自己。"

滴水藏海

每个人都知道,一个人在同一个时间是不可能同时到达两个地方的。成功的机遇不是天上掉下的馅饼,不是白白获得的。可以这样说,每一个机遇都需要你付出相应的代价。

那个年轻禅师听了之后，羞愧地低下了头。

在生活中，几乎所有的人，或许也包括我们自己，经常会产生一种强烈的"身份荣耀感"。不可否认，这份荣耀感会给我们人生道路带来一些积极的作用。可是，如果过分迷恋或割舍不开这份"荣耀"，像上面那个年轻的禅师一样，它就变成了"虚荣"。

当我们的行动被那份虚荣的光环所笼罩时，我们的人生境界和事业的格局就不可能有大的拓展，甚至成为一个失败者。

哈佛，在每一名求知者的眼里，它都是一个圣洁殿堂，更像是一个遥不可及的梦。在美国民众心里，如果有子女能够进入哈佛大学深造，就如同子女参加大选一样荣耀。

尽管这样，在哈佛的历史上，仍然有那么一些"叛逆者"，他们为了实现心中的宏伟大业，宁愿舍弃那一轮光环。最终，他们也用自己伟大的成就，向世人证明了一个道理："他们创造了一些在哈佛学不到的东西！"

对于一个满足于现状，沉湎在过去的荣誉中迟迟不前的人，就像是一只跌入蜜罐子里的苍蝇，虽然看起来四处充满了甜蜜，但生命很快会在那种无谓的挣扎里耗尽。虚荣，是一种虚假的象征，一种虚假的符号。在生活中，对于一个唯名是图的人来说，他所享有的荣誉只是一种表面的光彩，而他的生命仍陷在虚无之中。

1894年,有一位哈佛大学一年级的学生,因为迫不及待要投入石油开采的行业,而果断地从哈佛大学退学。后来,他果然因为石油开采而成为美国的巨富,他就是美国历史上有名的石油大亨豪沃德·休斯。

1896年,另一位哈佛大学一年级的学生,因为不满校方不允许他参加首届国际奥林匹克比赛,愤而从哈佛退学。他后来穿着母亲给他缝制的运动服,参加了奥林匹克运动会,并为美国赢得了历史上第一枚奥林匹克金牌(三级跳远)和一枚银牌(跳高)。他的名字叫詹姆·科诺利,他以后再也没有回过哈佛。

在1926年-1928年间,有一位学生在哈佛断断续续读了两年书之后,最终抵制不住科研的诱惑,自动终止了在哈佛大学的学业。他后来获得了500多项专利,是继爱迪生之后美国最出名的发明家,他的名字叫波尼·莱特。

当然,在所有哈佛大学退学的学生中,比尔·盖茨的退学最具戏剧性,

事实上,一个成功的人总是在舍弃了不必要的东西之后,才获得了成功的。你舍弃一时的享乐,选择了耕耘;你舍弃了虚假,选择了真诚;你舍弃了消极,选择了积极进取;你舍弃了虚荣,选择了更为辉煌的人生追求……

孟子曰:"鱼,我所欲也。熊掌,亦我所欲也。二者不可得兼,舍鱼而取熊掌者也。"机遇的获得,来自得与失、成与败之间的选择。选择的特点在于,得到总是伴随着失去。而成功的机遇,永远是属于那些敢于决断的人。

也最有成就。他在1973年进入哈佛大学。在此之前，比尔·盖茨被公认是数学的天才，他也一度想成为一名数学家。

但到了哈佛之后，比尔·盖茨很快发现，竟有人比他还具有数学天赋。于是，他决定一门心思用来钻研电脑，认为这才是自己的发展之路。后来，比尔·盖茨在老搭档保罗·艾伦的劝说下，最终下定决心退学进行创业。

结果，他遭到了家人朋友的极力反对，当中还包括他的一位室友。而在数年后，当这位室友在斯坦福大学商学院攻读MBA课程时，盖茨又力劝他退学共闯天下。这位室友最后真的从斯坦福退了学，去出任盖茨创办的那家当时只有20来人的小型公司的经理。他，就是当今微软公司大名鼎鼎的行政总裁史蒂夫·鲍尔默。

因而，从现在起，请你不要再满足眼前的那点成绩，战胜懈怠这个大敌，使自己的人生及事业朝着更加完美的方向发展！

59. 幸福就在你的身边

有这样两个人,他俩幸运地得到上帝的恩赐。其中一个是拥有万贯家财的富翁,另一个是身无分文、流浪街头的乞丐。上帝答应,可以满足他俩每人一个心愿。

于是,富翁就祈求上帝说:"万能的上帝啊,我怎样才能品尝到幸福的滋味呢?"

上帝听了,非常诧异地问:"现在,你已经拥有万贯家财了,难道还不知道幸福是什么滋味吗?"

富翁一脸愁容地说:"我为了拥有现在的家业,多少年来没白没黑地在商场里打拼,同行间的明争暗斗已使我身心憔悴,百病缠身。每天,我都要依靠药物来维持着生命,哪还能品尝到幸福的滋味呢?"

于是,上帝就满足了他的心愿,

滴水藏海

其实,快乐和痛苦,纯粹是由你自己造成的。善于发现快乐的人,他们在生活中随时随地都能找到快乐的源泉。而那些整天忧愁的人,他们身边尽管有许多快乐种子,但却视而不见。

给了他一副健康的体魄。

之后,上帝就问那个幸运的乞丐道:"你有什么心愿呢?"

那个乞丐慌忙跪下,虔诚地说:"万能的上帝,我怎样才能品尝到幸福的滋味呢?"

上帝愈加惊讶了,问道:"你的身体很健康呀,难道还不知道幸福是什么吗?另外,你完全可以去做一些其他的事情,而不做乞丐。"

乞丐哀声长叹道:"尽管我有健全的身体,但手中没有做事的本钱啊!每天,我都要为了吃饱肚子,而低三下四地向别人乞讨。而且我还没有住处,只能露宿街头,怎么能知道幸福是什么滋味呢?"

上帝也满足了乞丐的心愿,给了他很多钱。

10年以后,上帝忽然想起这件事情,便来了兴趣,决定去了解一下那两个幸运者的近况。

还是先前的那个富翁,可是他已经患上了一种无法医治的绝症,现在完全靠药物维持着羸弱的生命。

那些不良的想法和不好的情绪,无时无刻不在"破坏"着你快乐的生活。因而,最终的结果,往往取决于你的勇气,取决于你对自己的信心,取决于你是否有一个乐观和满怀憧憬的信念。

因而,你一定要记住这一点:"我生来就要成为自己和环境的主人!"

上帝吃惊地问:"你怎么会变成这个样子呢?"富翁有气无力地说:"自从您赐予我……一副健康的体魄之后,我才发现……自己的精力可以使家业……再扩大,我就比……以前愈加努力赚钱……现在家业扩大了几倍……可我仍……没有品尝到幸福……的滋味……"

再见到先前的那个乞丐,上帝简直不敢相信自己的眼睛,只见那个乞丐衣不遮体,身形佝偻着,像一只卑微的蚂蚁。

上帝惊愕地问:"我不是已经给了你很多钱,你怎么还没有找到幸福呢?"

乞丐摇了摇头说:"是啊,我突然拥有了那么多钱,才知道自己以前失去太多了。我就想了,现在是否应该尽力把以前失去的统统补偿回来呢?于是,我用那些钱买了楼房,还找了女人,而且隔两个月就要换一个。后来,我被一些赌友拉下了水,将钱都输光了,还染上了梅毒……"

听完他俩的哭诉,上帝叹息一声,而后沉重地说:"上次,我赐予你们的,

如果你能紧守住自己心灵的门户,将忧伤和沮丧彻底拒之心门之外,那么,苦闷和忧伤就会离你远去。从此,你也会真正变得幸福和快乐起来。

就是幸福真实的滋味——而你们不好好珍惜,不通过正确的方式去拓展,我还有什么办法呢?"

上帝说完之后,便失望地走开了。

60. 做一个对自己负责的人

那年夏天,他兴冲冲地报名参加了一个驾驶员培训班。然而,等到开课那天时,他满腔的热情,好像被人迎面泼了一盆冷水。因为他非常不走运,被分在了最倒霉的D组。

他们D组的教练员姓古,古教练脸上的表情总是冷冰冰的,给人一副拒人千里之外的样子。尤其是他额头上的那道长长的疤痕,令人感觉有点恐怖。古教练的性格就像他的姓氏一样,也很古怪,他对每一位学员的要求都异常苛刻。听一些学员在背后传言,古教练对那些不长记性的学员,有时候甚至会用掴耳光的方式来作为惩罚。

在别的组,学员在技术上出现一

滴水藏海

每个人都为了自己的追求,在各自不同的人生道路上艰难地跋涉着。其中,有成功,也会有失败。在没有走到生命的尽头之前,谁也无法断定自己到底是成功还是失败。你唯一可以把握的,就是尽力对自己负责,通过每一次失败探究你所犯的过错,并从中发现实质性的问题,对自己加以警醒。

点差错，可以私下里请教练吃一顿饭，或者送一点礼品，通融一下也就过关了。据说，这已经是培训班里的一个公开已久的"秘密"。

但是，古教练从来不吃这一套。你想让他从你的手里接过一支烟都很难，更不用说是请客送礼了。无论哪个学员出现错误，古教练都会铁青着脸，毫不留情面地上前训斥上一通。然后，他就会对犯错者进行重点"照顾"，并且提出严厉警告："如果再这样混下去，你休想从我这儿过关！"

在他们D组，欲想顺利拿到驾照，唯一的途径，就是拼命练好技术。在古教练的严格执教下，他们D组的15名学员，无论是理论考试，还是上车考试，都顺利过关。不过，他们并没有遇到像先前传言里所说的情形，古教练从来没有对哪一个学员动过手。他在发火的时候，顶多骂上几句粗话。

在下发成绩的那一天，古教练难得露出一丝笑容，他依次拍了拍他们每个人的肩膀，满意地说："你们都是合格的，因为你们都是通过自己的真

> 每个人在一生当中都要作许多决定，也许会有不少错误的决定。如果你害怕承担责任，不敢对自己的决定负责，你只能故步自封，永远缺乏向前的动力。你要勇敢地作出决定，如果错了，就吸取教训，不断地成长。

实技能过关的。"

他们D组的学员,为了庆贺顺利拿到驾照,商量以AA制的方式,到附近的一家酒店聚一聚。之后,他们几个人便硬着头皮向古教练发出邀请。这次,古教练没有再拒绝。他们这些学员欢呼着,簇拥着古教练走进一家酒店。

他们点了一桌丰盛的酒菜。其中一个学员,恭恭敬敬地为古教练倒上一大杯啤酒。他却将啤酒推到一边,端起茶杯说:"今天,我就以茶代酒,而且就喝这一杯。在你们喝酒之前,我想啰唆几句,为你们讲述一个真实的故事——那是在20多年以前,有两个从小要好的朋友一起应征入伍。他俩作为汽车兵,被分在同一个连队里,参加了青海公路的建设。在部队上,他俩练就了娴熟的驾驶技术。后来,退伍之后,他俩又进入同一家工厂里当司机。那是在一个同事的婚宴上,尽管他俩下午就要一起出远差送货,可是俩人自恃驾驶技术不错,又因为年轻好胜,便多喝了几杯。结果,

---

一个人最需要勇气、忍耐和坚毅的关头,就是在他的生活和事业遭受挫折与打击的时候。在这种局面下,你更要对自己负责,他人放弃,你要坚持;他人后退,你还要向前。只要你有一颗负责任的心,坚持做好你自己,你就是一个成功的人。

在出差的途中，他们遭遇了车祸，其中一个司机在车祸里遇难，另一个司机则头部严重受创……"

古教练讲到这儿的时候，他的眼睛里竟泛起了泪花，而后喃喃地说："那个在车祸里遇难的司机，就是我的朋友。你们一定要记住，在人生这条路上，有些错误是绝对不能犯的！"

他说完之后，端起茶水，一饮而尽，然后独自转身离开了。

此刻，现场的每一个人都静静地坐在那儿，谁也不说话，都在默默地回味着古教练刚才所讲的那个故事……

61. 大悟自在心静中

有一天，几个弟子因为何谓"大悟"，相互间争得面红耳赤。

于是，他们几个一起来到智禅大师的寝室，问道："这世间，何谓'大悟'呢？"

智禅大师听了,微笑着说:"大悟自在心静中。"此时,那几个徒弟都有些迷惑。

在午膳之前,智禅大师带着那几个弟子,来到后山的李子林里。树头上的李子大都熟透了,紫里透红的浆果,散发出一缕缕诱人的芳香。

智禅大师吩咐两个弟子,从树上采摘了一竹篓李子。随后,他让在场的每一位弟子品尝,李子的汁液像蜜汁一样甘甜。

待吃完之后,智禅大师带着弟子走到一个小小的水潭前,他俯身掬起一捧潭水喝了起来。然后,他让弟子们也尝一下。

弟子们纷纷仿效师父的样子,喝下几口潭水之后,便咂巴咂巴嘴。

智禅大师问:"小潭的水质如何呢?"

弟子们又用舌头舔了舔嘴唇,回答说:"小潭里的水,比我们舍近求远担来的水甜多了。以后,我们满可以到这小潭来担水吃呀!"

这时候,智禅大师便让一个弟子

滴水藏海

静的心态,是一块智慧的美玉。它是一个人在自我控制方面,经过长期努力的结果。忧郁不但会使人面容变老,还会使人的心灵变老。忧郁就像是一把无形的凿子,当你身陷其中的时候,它就会在你的面孔上凿下无情的皱纹,在你的心灵上留下失望的痕迹。

在这个世界上,没有人因为烦恼而获得好处,也没有人因为忧郁而改变自己的境遇。但是,烦恼和忧郁在损害你的健康和精力的同时,也阻碍了你实现自己的志向。

所以，当你面对剪不断、理还乱的烦恼和忧郁的时候，必须坚决果断地将它们从你的内心里冲洗得干干净净。只有这样，你才能够维持自己的"心理卫生"。

因此，你要努力学会驾驭自己的情绪。在任何环境，任何情形之下，你都要保持镇静和清醒的头脑。这不仅对你自身的发展有利，而且别人也会从你的身上获得精神上的鼓舞。当你拥有了一种平静安宁的心态，你就会成为一个具有稳定力的人。

提了一木桶潭水。然后，他们回到寺院。午膳之后，智禅大师让每一个弟子都重新来品尝一下从后山小潭打回来的水。

弟子们尝过之后，大都将水从口中吐了出来，一个个都皱起了眉头。因为，这些水很苦涩，而且满是一股腐草的味儿。

智禅大师解释道："为什么同一个小潭里的水，却有两种不同的滋味呢？因为你们先前品尝的时候，都吃过李子，口里留有李子的残汁，所以就把这水的苦涩给掩盖了。"

众弟子都认同地点了点头。

智禅大师看了看面前的徒弟，接着说："这世上有些事情，即使你我亲自体验过，也未必能触及到它们的本质。因为有些事情，往往一时会被繁华的假象给迷惑，'大悟'就是这个道理。我们必须有一颗平静的心，抛却那些虚荣和浮躁。"

62. 成功需要有一双敏锐的眼睛

有两个关系密切的朋友，准备一起投资做生意。经过一番悉心考察之后，A先生认为应该在电子市场投资。虽然电子市场的竞争比较激烈，但经营电子产品利润较大。而B先生却发现市场上生产塑料吸管的厂家很少，因为大多厂家不屑生产这种利润极其微薄的产品。

A先生听到朋友的投资计划之后，竟忍不住笑了起来，而后竭力反对说："做那样的投资，我们即使再努力，也毫无前途可言！这就像你手拿一根绣花针去射大雁一样，怎么可能成功呢？"

因为投资观念的不同，两个朋友决定分手各自创业。A先生投资电子市场，一年下来之后，果然如他预料的一样，虽然有一些产品出现滞销的局面，但在保本销售的情况下，大都

> 滴水藏海
>
> 成功的途径是千差万别的，但决定成功的因素，都离不开敏锐的观察力、不懈的努力和敢为的果断力。

> 不要轻视身边每一件微小的事情，只要把心融入其中，同样可以赢得一片广阔的天空。

> 在生活中，你是否会发现身边还有很多持这种心态的人呢？他们总是以为只有做那些轰轰烈烈的大事，才能一鸣惊人，让别人刮目相看，而做那些小事只能浪费时间。

> 殊不知，大事皆由小事而成。倘若小事不愿做，不屑做，那么做大事就只能成为空想。在这个社会上，不会有那么多惊天动地的大事专门等你去做，你的成功，就是从生活中最细小的事情上做起的。

销售出去。待结算之后，盈利40余万元。他感觉自己这一年的收获还算不错，便去拜访朋友B先生，欲详细了解一下他的发展情况。

他一走进朋友的公司，便迫不及待地问："你们生产一根吸管可以赚多少钱呢？"

B先生如实相告："一根只有8毫钱的利润。"

A先生听了之后，便建议说："以前我就说过了，在这上面投资是没有多大前途的，你还是尽快跟我改行吧！"

B先生听了之后，脸上露出一抹感激的笑容。他知道朋友说这些话是诚意的，并非嘲讽。B先生给朋友沏上一杯茶，问道："那你们公司一年盈利多少呢？"

A先生颇有些自豪地说："今年盈利40余万！我计划明年再扩大一下生产规模，利润有望突破100万！"

B先生听了，笑着对他说："你们公司一年的盈利，只相当于我们公司一个月的。"

此时，A先生惊愕得差点将茶水

从口中喷出来。继而，他疑惑地盯着朋友，感到不可思议。

B先生又认真地点了点头，强调说："真的，我一点没有骗你。"

之后，B先生便跟朋友讲起了自己公司的经营策略：因为一根吸管只有8毫钱的利润，所以为了节约成本，公司到了一切都"丝丝入扣"的地步。夜间的电费成本低，公司就把耗电高的流水线调到夜间生产；吸管制作工艺因为需要冷却，生产线上就设计了成本较低的自来水冷却法……

当然，产品的最终质量必须过硬。吸管要耐热，所采用的塑料就必须符合安全标准。不同的客户对吸管的颜色和形状有不同的需求，而且数量上也有很大的差别。

有的客户只需要黑色的吸管，有的客户则需要的颜色十分繁杂，而且每一种的数量也非常小。即使这样，公司也从不慢怠，并及时根据客户的需要开发新的品种。

他们就是通过这种精打细算的方式，既保住了微利，又在客户心中赢

> 真正的成功之道，应该是最平凡的。你只有深刻了解了这一点之后，才能更加关注那些以往被认为是无关紧要的小事，培养起自己做事一丝不苟的美德。只有这样，你才会更快地实现自己的目标。

得了信誉,拥有了自己的固定市场。这些经营策略,最终使他的公司每月盈利都在四五十万左右。

63. 飞镖手的教训

这件事情是我听爷爷说的。

那时候,在农闲之时,尤其是正月里,经常有一些来自南方的马戏班子,到我们镇子上扎台卖艺。

为了方便,马戏班的班主总要请一些当地人帮助看场子。这是为了防止在演出过程中,有一些品行不端的人捣乱。当时爷爷还很年轻,经常被请去看场子。

有一年夏天,一家名叫"彪盛"的马戏班到我们镇子上扎台。爷爷跟另外几个壮实的年轻人,被请去看场子。

在那个马戏班里,有一个姓周的飞镖手,他投掷飞镖百发百中,表演的节目惊险而刺激。在整个班子里,

滴水藏海

自鸣得意和心怀侥幸的人,最容易陷入自己重复自己的怪圈。因为,他们容易被头顶上的那层虚无的光环迷住双眼,于是变得飘飘然、头重脚轻,如同醉汉一般。

他的表演无可争议地成为压轴节目。

周师傅表演时,是选用活人当靶子,与他配合表演的是他的妻子。他们的表演不同于魔术表演那样有惊无险,而凭的是胆气和实功夫。不过,他们夫妻俩配合非常默契,从未失过手。

表演时,他的妻子头顶一个白瓷碗,然后退出十多步远站定。只见周师傅从怀里掏出一枚系有红绸的飞镖,一个鹞子腾空,"嗖——"飞镖便从他手中飞了出去。随着"哗啦"一声脆响,他妻子头顶上的那个白瓷碗被击得粉碎。而他的妻子始终面带微笑,刚才甚至连眼睛都没眨过,因为她对丈夫的功夫相当自信。

继而,他让妻子头顶一个茶杯表演。最后,他竟让妻子顶着一个酒盅配合表演。每表演完一次,他们都能赢得潮水般的掌声。

一天中午,那个马戏班的班主,为了答谢爷爷和另外几个帮忙看场的年轻人,便摆下两桌酒席宴请他们。在酒宴上,那些年轻人出于敬重,纷

> 伴随着时光无声的流逝,他们自认为已经走出很远的路。但有一天突然醒来之后,他们才发现自己仍停留在当初的出发点上。

> 自满对一个人的危害是非常大的,然而并非每一个人都能够轻松克服它。这是因为"满"易于投合人们的某种脾性。有点本领的人,由于取得了一点成绩,容易使自己产生一种无所不能、无往不胜的妄自尊大的情绪。

纷提出欲拜周师傅为师,并向他敬酒。但在下午他们还有一场表演,按照他先前的规矩,在表演之前滴酒不许沾。

可是,那几个年轻人却极力向他劝酒,说:"依周师傅精湛的功夫,少喝一点酒,没有什么关系。"

面对几个热情的年轻人,周师傅有些推脱不过。他犹豫了一会儿,便端起酒杯,喝了两杯。他当时也这么认为,自己表演了十几年,没有失过手,只喝两杯酒不会有问题。

然而,在下午的飞镖表演中,第一镖和第二镖都击中了目标。可是,就在他投出第三镖的时候,他的妻子"哎哟"一声,抱着头,倒在场子上。

周师傅木雕泥塑般地立在那儿,许久没有回过神来。幸亏戏班里有一位懂医术的老师傅,他赶紧用祖传配制的止血药粉给她敷上,才止住了血。她虽然没有性命之忧,但伤得不轻。

之后,周师傅再上台表演的时候,投掷飞镖的手总是忍不住打颤,犹豫半天也不敢出手。因此,这个最吸引人的节目,被迫取消了。

古人曾说过:"自知者明。"能够给自己正确定位,并严于律己的人,才是一个明智的人。对自己定位不正确,将给你带来无穷的负面影响,甚至影响到你的一生。

你要给自己正确定位,首先要清楚自己的真实能力,然后认真对待自己的缺点和错误,要有"闻过则喜"和"闻过则改"的态度。

不久，周师傅和他的妻子悄悄离开了那个马戏班子。至于他们的去向，没有人知道。

我知道，爷爷给我讲起这件事情，其实是想告诉我，在生活中无论做什么事情都应该全力以赴，且不可以心怀侥幸心理。有些时候，一时的疏忽，会带来终生的遗憾！

64. 分享是一枝最美的玫瑰

有个小男孩，独自在玫瑰园里玩耍。那一枝枝艳丽的玫瑰花，在绿叶的衬托下，显得愈加娇美、可爱。小男孩发现在不远处的花丛中，绽开着一朵大大的玫瑰花。顿时，在他的脑海里浮现出妈妈以前讲过的一个故事："那枝玫瑰花为什么会绽开得那么大呢？与众不同的它，会不会是神奇的玫瑰花王呢？"

于是，他小心翼翼地拨开满是针刺的花枝，准备把那枝与众不同的玫瑰花掐下来,插到自家的花瓶里,独自欣赏。然而,当他准备用力掐断花枝的时候,一根锐利的刺,毫不留情地扎入他的拇指。

小男孩疼得跳了起来,他捂着被刺伤的手指,鲜血从他的指缝里渗出来。而后,他哭着去找老园丁。

老园丁看到他狼狈的样子,惊讶地问:"那是一片多么祥和的玫瑰园呀!里面充满了花香,到处都是玫瑰花的笑脸,而你为什么哭鼻子呢?"

小男孩气愤地说:"那些玫瑰花好讨厌!它们的花朵下面藏着好多好多针刺,将我的手指扎伤了。"

老园丁一边为他的伤口涂抹上紫药水,一边问道:"它们为什么会扎伤你的手指呢?"

小男孩非常委屈地说:"刚开始,我也很喜欢它们。后来,我看到一朵大大的玫瑰花,我就想把它采回家去,让它每天都伴着我。可是,它们一点都不懂得礼貌!"

老园丁听了,释然地笑了,然后拍了拍小男孩的脑瓜说:"走,我们再

滴水藏海

在有些时候,生活呈现给你的,也会是一个美丽而芬芳的玫瑰园。那么,你是否也会像那个被玫瑰花刺伤手指的小男孩一样,一时受到贪心和私欲的怂恿,准备将玫瑰花的微笑和芳香据为己有呢?如果是这样,能够有一根锐利的针将你刺醒,也算是一件幸事。

一起到玫瑰园去。"

再一次走进花香浓郁的玫瑰园,小男孩肚子里的怨气已消了很多。他伸手指了指前面花丛中一枝大大的、金黄色的玫瑰花,说:"我是真心喜欢它的,可它为什么要刺伤我?"

老园丁却严肃地说:"你看那些玫瑰花笑得多开心!不光是你喜欢它们,我也很喜欢呀,还有很多到玫瑰园里来赏花的人,还有蜜蜂和蝴蝶……它们的微笑和芳香,是用来送给每一个喜欢它们的人,你怎么能独自占有呢?如果每一个到玫瑰园来的人,都像你一样,把自己喜欢的花朵悄悄带走,那么玫瑰园的微笑和芳香就会越来越少,也许很快那些玫瑰花就会枯萎了。"

听了老园丁的话,小男孩的脸蛋一下子变红了。

因为,一颗心一旦长久被贪婪的欲念把持,结果往往会使自己生命中的那个原本芳香四溢的玫瑰园,彻底枯萎凋零了。

分享,才是人生中一枝最美的、永远绽放的玫瑰!

65. 做好自己生命的检修员

2007年8月1日，美国明尼苏达州的密西西比河上的公路桥，发生了一起严重的坍塌事故。此次事故，不仅导致了密西西比河两岸的交通长时间中断，而且在事故中造成了13人死亡，上百人受伤。

美国安全部门调查员尼尔·朗格曼和一些专家，对桥梁坍塌事故现场进行调查之后发现：公路桥梁坍塌的原因，与堆积在桥梁拱洞里的大量鸽子粪便有着直接的关系。

原来，在密西西比河的公路桥上，长年栖息着成千上万只鸽子。它们的粪便有的落入河里，而大部分都堆积在桥梁的表面上。

鸽子的粪便含有氨和酸性物质，若不及时清理，干燥后会形成一层浓缩盐。盐和氨遇到雨水之后，就会产生电

> **滴水藏海**
>
> 这两起严重的事故，都是因为细微的疏忽而导致的。一个不良的习惯和一次细微的疏忽，往往会给你的生活带来数不清的麻烦和无法计量的损失，甚至是致命的打击。

化反应，使桥梁内部的钢筋生锈。

每下一场雨，鸽子粪便就会发生一次电化反应，造成一次腐蚀。时间一久，桥梁结构逐渐发生了变化，变得越来越脆弱。最终，桥梁承担不住桥体和过往车辆的重压，发生了坍塌。

其实，早在20多年前，已经有安全部门的调查人员，注意到了鸽子粪便对桥梁造成的影响。然后，他们向桥梁的管理部门提交了一份调查报告，要求及时清除桥梁上堆积的鸽子粪便。然而，这份报告在当时并没有引起有关部门的重视，最终导致了这次惨痛事故的发生。

无独有偶，在此次事故发生不到20天的时间里，中国台湾"华航"的一架波音737—800型客机，在日本冲绳那霸机场着陆后起火爆炸。幸运的是，客机上的165名乘客和机组人员在飞机爆炸前全部撤离。

刚开始，调查人员认为是客机内的一条输油管在着陆时破裂，导致燃油大量泄漏，继而引发客机起火爆炸。可是，他们很快便否定了这个推断，因为

如果你任由那些不良的行为在自己身上肆意泛滥，就会给自己的生活埋下凶险的祸根，最终给自己造成一些无谓的损失，甚至是无可挽回的悲剧。因此，请不要放纵身上的任何一个不良的习惯。只要发现了，就要毫不犹豫地剔除。

通过上面这两桩恶性事故的教训，恐怕每一个人都能意识到：只是一次漫不经意的疏忽，却带来一个惨痛的结局。

在这个世上,很多灾祸,都是因为"不会有事的""与我何干""你们去想办法吧"等推诿扯皮、侥幸逃避的消极心态造成的。一次酗酒驾车,铁轨上的小小裂痕,随意丢弃一个烟头……这些小小的,看似无所谓的细节,极有可能给自己、别人和社会造成无可挽回的灾难。

在社会上,每一个人都是责任者。你对你的家庭负责;你对沟通的结果负责;你对你的情绪负责;你对你的幸福快乐负责;你对你的生命负责,因为只有你才是你生命的设计师,只有你才是你生命的主宰。所以,从现在起,你必须努力使自己成为一个称职的责任者。

飞机跑道和停机场上均无燃油渗漏的痕迹。

之后,调查人员在出事客机的右翼油箱上发现了一个破洞。他们根据这个破洞,最终推断出了飞机起火爆炸的真正原因。

原来,飞机在起降时所使用的前缘襟翼的内部螺丝出现了松动,而检修人员因为疏忽,一直没有发现那枚松动的螺丝。

在飞机降落的那一瞬,由于惯性的力量,脱落的螺丝高速刺穿了机翼内部的油箱。燃料从破裂处经前缘襟翼的缝隙大量流出,随后被引擎的高温引燃而发生爆炸。如果当时那架飞机再推迟降落几分钟,后果将不堪设想。

66. 远离内心的孤独

我放下电话,重新回到书桌前时,发现一只小蚂蚁爬了上来。它那黑色而瘦小的身躯,在桌子上来来回回地爬行着,桌面在它的眼睛里一定太大了。它爬到我的稿纸上,驻足了很长时间,它一定是被稿纸上那些黑色的字迹给吓坏了。

此时,我猜想它一定是一只孤独的、离家出走的蚂蚁。现在,它也许迷失了方向,一定很饥饿很无助。于是,我从茶盘里拿出一块儿子吃剩下的巧克力,放在桌子一角,用来招待这个可怜的小家伙。

小蚂蚁好像嗅到了巧克力的芳香,它晃动了几下触角,一定是在辨别香味的来源。然后,它朝桌角爬去,并发现了那块巧克力。它兴奋地绕着那块巧克力转了几个圈子,然后贪婪

滴水藏海

常常有人因为孤独寂寞而烦恼。的确如此,一个人如果离群独居,把自己封闭在自我的小圈子里,长期被孤独感所笼罩的话,心灵便会提前老化。

地扑过去，我想，这饥饿的小家伙一定会撑破肚皮。

但是，当我仔细观察之后，发现这个小家伙并不是在吞食美味，而是用尽全力去拖动那块巧克力。跟它的体重相比，那块巧克力就像一座小山丘似的，而小蚂蚁居然将它朝前移动了一点点。它好像意识到自己的气力不够，又绕着巧克力转了几个圈子，显然有些焦急。犹豫了一会儿，它便急匆匆地爬走了。

我感到非常不解，一只饥饿的小蚂蚁，面对香甜的美味，为什么要舍弃呢？我仍将那块巧克力放在那儿，开始低头写字。

十多分钟后，一只小蚂蚁又爬了回来。这时候，它的身后居然跟随着不少同伴，它们径直爬到那块巧克力前。它们越聚越多，竟有数百只。

它们开始合力搬运那块巧克力。此刻，我才知道，刚才那并不是一只孤独的蚂蚁。它在发现巧克力之后，顾不上独个品尝，立即将伙伴们招呼来了，一起分享眼前的美食。

如果你已经感觉到了孤独，那么你就应该鼓起勇气，大胆主动地伸出你的手，充分发挥你的自信、热情和才华，将你的人格魅力尽情展现出来。

我没有去惊扰它们，也不知道它们最终是如何将那块巧克力搬走的。在我散步回来之后，桌面上的巧克力已经不见了，也没见到一只蚂蚁。

下午，我从那盒闲置已久的《动物世界》的纪录片里，抽出那张关于蚂蚁生活的碟片插入DVD，静心地观看起来。

原来，蚂蚁是一种非常团结和无私的小动物。一只蚂蚁发现了食物，如果它自己搬得动的话，它会将食物搬回家去，决不会找个地方偷偷地独自吃个饱。如果它搬不动，它一定会通知它的兄弟姐妹，排成长队快快乐乐地一路唱着歌将食物扛回家。要是一些搬不走的美食呢？譬如洒在桌子上的可口可乐，洒在地上的奶汁等，一只蚂蚁发现了，它也不会私吞，它会叫来它的伙伴们一起分享。

我想，我们人呢？比如一个人发现了一个宝藏，他会告诉其他人吗？不会的，一定不会。一个人的内心埋藏了太多的私欲和不为人知的秘密，这就是我们孤独的真正原因。

当你把奉献的目光，扩及到自己的家人、朋友、社会乃至更大的世界，透过无私的奉献，你将会获得恒久的成就感。

那时候，你就会远离孤独，成为一名真正快乐的成功者！

67. 捡起你的尊严

有两个应聘过关的女孩，第一天到公司报到。那是一家实力雄厚的集团公司，职员的薪水十分优厚。

那两个女孩有说有笑，打扮得异常漂亮。她俩暗自庆幸能够从数百名应聘者当中脱颖而出，并最终被公司的负责人相中。在乘电梯时，一个身材矮胖、衣着朴素的中年男子，很有礼貌地将她俩先让了进来。刚一迈出电梯，那个男子的手机铃便响了起来。

他从衣兜里掏出手机，一枚硬币同时被带了出来，掉在光滑的大理石地面上。它划了一个弧滚到一侧的墙角去了，那是一枚银色的1角硬币。他一边打着手机，一边朝那枚硬币走了过去，并俯身捡了起来。

此时，那两个女孩瞅着他，像发现了一个外星人似的一样惊讶。继而，

滴水藏海

在生活中，有这样的事：洪水将堤坝冲开了一个大缺口，人们赶紧抢险，及时堵住缺口，没有让洪水泛滥成灾。然而，事发之前，堤坝上的小小的蚁穴和裂缝，并没有引起人们的注意。但是，恰恰是那些小小的蚁穴和裂缝，偷偷破坏了堤坝的结构，使它经不起洪水的冲击，从而造成了险情。

她俩忍不住吃吃地笑了起来。

那个男子听到笑声，感到有点莫名其妙，便微笑着问："你俩笑什么呢？"

她俩赶紧止住笑，并摇了摇头，示意与他无关。

然而，他还没有走出几步，那两个女孩又忍不住笑了起来，并窃窃地议论道："那个人真有意思，掉地上1角钱，还弯腰去捡，他一定是个吝啬的老土……"

在公司的会议室里，她俩和另外6名应聘过关者，等待着人事部主管前来为他们安排具体的工作。

不一会儿，一个中年男子推门走了进来。她俩认得，他正是刚才在电梯出口旁捡硬币的那个男子。他笑着朝众人寒暄了几句，然后转身走了出去。

因为好奇，她俩就问旁边一个公司的服务人员道："那个男人是谁呢？"

对方听了，一脸敬重地说："他是我们公司的总裁。"

她俩听了之后，目瞪口呆。

在这个世上，事物是发展变化的，小与大也是互相转化的。小恶可能变成大恶，小错可能变成大错。而且，事物的发展变化，通常是经过一个量变到质变的过程。如果小错误不断，积累多了，就会发生质变，于是便酿成了大错误。因而，对自身的一些坏习气，千万不要不以为然，应该赶紧将它们清除掉。别让灰尘遮蔽了你的心灵。

下午,公司主管特意为他们举行了一个欢迎会,100余名公司的管理人员齐聚会议大厅。因为上午的那件事情,她俩的心里一直在怦怦地敲鼓。

过了一刻钟左右,那个在电梯出口捡硬币的中年男子,也就是她们现在的公司总裁,在人事部总经理的陪同之下,走进了会议室。

此时,她俩有些忧心忡忡的,认为上午遭遇的尴尬一幕,肯定会在总裁的心目中留下极其难堪的印象。那么,总裁为了顾及自己的面子,很可能会作出令人意外的决定,使她俩先前所有的努力都前功尽弃。

果然,在会议当中,公司总裁提及了那件事,但他并有没有针对某一个人,只是微笑着提问了大家这样一个问题:"在公众场合,如果你不慎丢掉了1角钱,你会如何对待呢?"

尽管是这样,她俩的面孔仍火辣辣的,如坐针毡一般。台下的职员们议论纷纷,有的认为都啥年代了,掉1角钱哪好意思去捡;有的则认为,尽管1角钱的数目很小,但应该捡起来,

---

欲完善自己的人品,你首先应该从生活中的一些小细节入手。虽然这都是一些小小的细节,但正是这些细节,暗中影响了你在社会上的交往得失和事业的成败。

因为它也是自己的劳动所得。

最后,那位总裁郑重地解释道:"在这儿,我提这个问题没有别的意思。我只想告诉大家,1角钱虽少,但我们公司的数亿资产也是由每一个1角钱积累起来的。因而,哪怕是1分钱掉在地上,也应该捡起来。因为钱币上还有国徽,是代表着国家的尊严。你俯身捡起遗落的那一枚钱币,既是对自己劳动的尊重,也是对国家的尊重。"

68. 心怀拥抱海洋的志向

我的家乡是一个渔乡,在过去,一年四季都有渔民出船赶海。进入深秋之后,天气渐渐变冷了,但仍有一些闲不住的渔民驾船到海上去钓八带鱼(章鱼)。

那时候,我家里也有一条小木船。趁星期天,我曾随父亲去钓过几次八带鱼。钓八带鱼的工具,不用网,也不用鱼钩，而是用一些大海螺的空壳。

父亲将搜集到的那些大海螺壳，用铁钻挨个钻上一个小洞，再用结实的尼龙绳像编爆竹似的，将它们一个个串联起来，两个海螺壳之间的距离有一丈左右。

父亲划着船，在大海上选择一块水域，将那些海螺壳一个个地撒到海里。然后，我们尽管坐在船上耐心地等待即可。

约摸2个时辰之后，父亲重新开始划船，并让我把那些刚才撒下去的海螺壳提上来。这时候，再看那些不断滴着清凉海水的海螺壳，几乎每个里面都住进了一个"旅客"。

刚开始的时候，我唯恐那些八带鱼从海螺壳里钻出来溜掉，慌忙用手掌捂住它。父亲见了之后，竟笑呵呵地说："不用那么紧张，它们不会像你那么精明。它们好不容易找到个家，才不会舍得轻易钻出来……"

果然，那些小八带鱼感觉到异常之后，不是想办法往壳外面钻，找机会逃跑，而是拼命缩起身子往海螺壳

滴水藏海

如果你的思想也是一只章鱼的话，那么遇到充满诱惑的"海螺壳"时，请你一定注意减速绕行。在更广阔的海洋里，还有更值得争取的东西。一味向"海螺壳"里面挤，你的思想也会越来越窄，越来越失去光亮。

一个人不能陷入自己的思想怪圈，同样，也不能盲目地跟从别人。在思想上，每个人都是独立的。当然，你需要有谦谨的品质和从善如流的心态，但你不能没有自己的主见，不能在思想上完全丧失自己。

里面钻。等收上船来之后，父亲通过钻在海螺壳上的那个洞，用一根小竹签，很轻松地就将它们从里面赶出来。不到半天时间，我和父亲就钓到了十余斤八带鱼。

尽管八带鱼的感觉很灵敏，一发现风吹草动就会立即缩回去。但在这种形势之下，它们越是退缩，越容易将自己置于危险的境地。

到底是什么原因囚禁了它们呢？是那些海螺壳吗？不，海螺壳放在海里既不会走路，更不会主动去捕捉它们。囚禁它们的，其实就是它们自己。它们向着一条最狭窄的路越走越远，不管那是一条多么黑暗的路，即使那条路是死胡同。

一个人能否战胜自己，超越自我的决定性因素是他对人生的态度。积极的人生态度虽然不能确保做每一件事情都会成功，但消极的处世则必败无疑。消极的心态，是束缚你的信心、阻挡你前进步伐的真凶。它对你的人生有百害而无一利，是造成你失败的最主要原因。

在生活中，几乎没有一件事情是完全确定和具有保证的。成功者与失败者的分界并不在于能力或意见的好坏，而主要的因素是看一个人处世的心态是否积极。然后，在积极心态的召唤之下，是否有足够的勇气相信自己的判断，敢于适当冒险和采取行动。

69. 幸福的源泉

有这样一个故事,我至今仍记忆犹新:有几个穷汉历尽磨难,终于找到了上帝。于是,上帝答应除了金钱之外,可以满足每人一个条件。有人提出要很大一块土地;有人提出要一座豪华的楼房;只有最后一个穷汉,他向上帝要了"幸福"。结果,只有他成了一个最最富足的人。它也告诉了我们一个道理,幸福的内涵是广阔的。

当然,在现实生活中,我们不可能像那个穷汉一般幸运,轻易地就能获得幸福。每个人都在渴望着幸福,然而,幸福的源泉又在哪里呢?

有一天,一位老教授和学生们在讨论一个关于"幸福"的话题。

他问弟子们:"你们谁能告诉我,什么是幸福的源泉呢?"

一个弟子回答说:"幸福的源泉,

滴水藏海

以德立身,贯穿于每个人的人生全部过程,是一个人做人的最根本原则。在人生的不同阶段,道德对于人的要求虽然有着不同的变化。每个人体验和经历的内容也不一样,但"以德立身"的人生支柱是不变的,它对每个人的人生大厦起着支撑作用的定律是不变的。

是应该拥有很多很多的金钱。"

老教授听了,点了点头。

另一个弟子接着补充道:"只有金钱的幸福还是不完整的,还应该有健康和力量。"

他仍点了点头。

又一个弟子说道:"这样还是不完整,还应该有地位。"

待弟子们全都说完之后,老教授才开口说:"依你们看,有了这些源泉就算是幸福了。如果一个人拥有了你们所说的全部好事:金钱、健康、力量和地位,但请你们告诉我,他在什么时候的日子比较好过,譬如是他手中的东西对他有用的时候,还是没用的时候?"

弟子们齐声回答:"当然是在有用的时候了。"老教授又问:"如果在他不用那些东西的时候,它们对他有用吗?"

弟子们听了,都摇了摇头。

老教授说:"这样说,一个人不仅是有了这一切好事才行,他还得使用它们。不过,他应该怎样使用它们呢?

一颗良好的心,一种爱人的性情,一种坦直、诚恳、忠厚的精神,是一笔巨大的财富。假如一个人能够大彻大悟,努力地去为他人服务,那么他的生命一定会闪烁着光彩,充满着喜悦与快乐。

因而,在生活中,你对于身边的那些同事和朋友,甚至是陌生的人,应该尽己所能地给予他人以同情、鼓励和扶助。

是正当的,还是不正当的呢?例如一个木匠不正当地使用工具,他只能损坏材料,这比他根本不使用它们还要糟。"

他们一个个都点头,表示同意教授的观点。

老教授继续问自己的那些学生:"那么木匠为了能够正当地使用锯和斧,还需要什么?或者说,一个艺人手持一支笛子,如何才能吹出悠扬动听的曲子呢?"

思忖了一会儿,弟子们回答说:"还需要掌握专业技能和知识。"

老教授听了之后,脸上才露出欣然的微笑,说:"是啊,我们所说的一切好事——金钱、健康、力量和地位,本身并不是好事。当善良的才智支配它们的时候,它们才是好事。但假如它们被愚昧所支配,那它们就会变成邪恶的了。"

善良的才智,才是幸福的源泉!

那些东西,在你本身,是不会因为"给予"而有所减少的。相反,你给人越多,你自己所有的也会越多。

70. 让梦想像火车一样飞驰

那是一个很小的山村,只有几十户人家。小山村里没有学校,十几个孩子每天都要结伴,步行十几里山路,到山外一所小学读书。

小山村里的日子,一年四季都很平静。最令孩子们欢喜的日子,就是每年樱桃熟透的季节。火红火红的樱桃,像玛瑙一样点缀着绿葱葱的小山村。那时候,他们可以毫无顾忌地攀上一棵树去,随意地采摘和品尝。而到了秋天,山梨熟透的时候,大人们总是把最好的山梨担到镇子里卖掉换钱,就不容他们随意攀到树上去糟贱了。

然而,他最喜欢的景致,竟是每天上学路上必经的那条铁路。每当经过它的时候,他就会在铁路旁边驻足一会儿,他喜欢凝望那两条平行而向

> **滴水藏海**
>
> 你必须为自己确立一个切实可行的目标,然后把自己的志向转化为动力,朝着自己的目标不懈前进。
>
> 有人把目标视为火炬,它能够在黑夜中为你照亮脚下的路;也有人把目标看成一把神奇的金钥匙,当你置身于人生迷宫的时候,它能够帮助你打开成功的门。

> 目标并不深奥,它其实就是你为之奋斗而所要得到的东西。每一个人都可以把自己的梦想变为现实,但首先你必须拥有能够实现这一梦想的目标。而志向是你精神世界的支柱。倘若没有它,你的精神大厦就极有可能会坍塌下来。目标是你的力量源泉。

> 如果你总是心怀胆怯,不敢行动,那么,消极和悲哀的念头就会侵占你的思想,腐蚀你的灵魂。

远方延伸的钢轨。每一次凝望,都会勾起他对远方的无限遐想。

偶尔,有火车飞驰而过时,他就会兴奋地欢呼起来。然后,他就抛下小伙伴,追赶着火车奔驰的方向跑上一阵。

每一次,他都会跑得大汗淋漓,直到火车从他的视线里彻底地消失,才收住脚步。见他追逐火车的样子,小伙伴们都嘲笑他说:"你真傻!两条腿,怎么能追赶上火车呢?"

他却很认真地反驳说:"总有一天,我会追上火车的!而且,我还要比它跑得更快更远!"

那些小伙伴们听了,都哄笑起来,并继续嘲讽道:"你真能吹牛!"

于是,他就跟小伙伴们打赌,如果有一天他追赶上火车,他们就要把家中最大最好的山梨摘下来送给他吃。

许多年之后,他成了这个小山村里的第一个大学生。而且,他在大学毕业之后,留在了省城发展,不久便拥有了自己的公司。后来,他还把父母接到城里去居住。

那次,他抽时间回到山里。他以前的那些小伙伴大都早早结婚了,并有了自己的孩子。而他们的孩子,仍像他们先前一样,要步行十几里山路到外面去上学。

当他和那些童年时的伙伴聚在一起的时候,他们依稀还记着童年时的那个约定,便把家中果树上,最大最好的果子摘下来招待他。

他们一个个都异常羡慕地说:"随便吃,别客气,这些果子都是我们输掉的。呵呵——我们这些人,只有你追赶上了火车。"

他却笑着说:"无论跑多远,咱这个小山村都是我的起点。"

不久,他在这个小山村里投资建了一个果汁厂,而且还出资兴建了一所小学。在奠基仪式上,他动情地说:"我希望每一个孩子都能追赶上火车!"

其实,人生就像爬山一样。当你拥有了到达山巅的欲望之后,如果你只是站在山脚下悠闲地仰望着山顶,或是想象着你已经到达了那里,那你永远到达不了山顶。

你必须抓住前方的目标,不畏坎坷的山径和肆虐的荆棘,努力朝上一步一步地攀登。只有这样,你的事业才能到达辉煌的顶峰!

71. 自信是一道美丽的风景

我乘坐305路公交车去拜访一位朋友。途中，上来一个戴眼镜的女孩。她在我身边的位置上坐下，然后从背包里掏出来一把口琴。

她先是找了一下感觉，而后很自然地吹了起来。她吹的曲子，都是过去一些很流行的歌曲。第一支曲子是《莫斯科郊外的晚上》，接着吹奏了《北国之春》《我的中国心》……

那悠扬的口琴声，在整个车厢里回荡着。我被深深地打动了，在记忆里，我好像很久没有听到口琴的吹奏了，而现在街头萦绕着的大都是一些港台歌星的流行乐曲……

口琴是属于童年时代的回声——我静静地欣赏着她的声音，车窗外那繁华的街市，在我的眼中渐渐地迷离了。我的心，仿佛又飞回那绿油油的，

> **滴水藏海**
>
> 只有自己真的相信自己，才能让别人相信你。只有自己被感动了，才能感动别人。因此，在人生事业的道路上，你首先应该相信自己。这样，你才会从生活中找到感觉。感觉好了，你才会有行动；行动多了，你才会获得成功。

开满或粉或白花儿的豌豆地。

此时,跟我一样被迷醉的乘客好像还有很多。有些乘客,则朝女孩投过来一些好奇和羡慕的目光。

我趁她换奏的间隙,问她:"你吹得很专业,你是学音乐的吗?"

她微笑着摇了摇头,说:"吹口琴只是我的业余爱好,已经吹了十几年了。再过几天,我就要去参加一场专业性的比赛。而在此之前,我还从未参加过比赛,所以我想通过这种方式来锻炼一下自己。"

我不解地问:"那你为什么不找一个安静的地方呢?安静,你才能够全神贯注。在公交车上吹奏,环境多糟呀。"

她甜甜地一笑,对我的善意表示感谢,而后她解释说:"因为公交车上人多呀,这样可以锻炼自己不再怯场。从别人那些赞许的眼神里,我能够获得一种自信。再说,我想,你们听到我的琴声之后,一定会有一份好心情。这样啊,我在锻炼自己的同时,也给别人带来一份愉悦。"

在半途,我要下车了。蓦然之间,

在这个世上,你千万不要看轻自己。每个人都有自己最起码、最基本的长处。在很多时候,你无法取得成功,往往是因为你的自卑感,将你的天赋给湮没了。因此,你在认清自己不足的同时,也应该肯定自己的长处。你要坚信自己也有成功的一天,要善于发挥、发掘自己的潜能。

> 你应该时时以自己为对手，战胜自己，直面自己。这样，你才能够变得越来越自信，最终迎来成功的收获。

我对那美妙的琴声，感觉有一种莫名的依恋。我真希望生活就像这辆公交车一样，能够一直坐在她的身边，听着那些悠扬动人的曲子，朝一个又一个的站台走下去……

在那段日子里，我的耳边总感觉有隐隐的口琴声在响动，心情也一直是愉悦的。

我想，那个女孩参加比赛的成绩无论如何，都是值得赞美的。因为，她已经从别人眼中赢得了尊重。这是生活赐予她最高的荣誉，是任何成绩都无法比拟的。

72. 一念与一生

晨练的时候，我遇见一位久未见面的朋友。我跟他是在一位朋友的婚礼上认识的。当时，我和他被安排在了同一桌酒宴上。因此对他有一点了解,他在3年前就买了一辆客货两用车，从事海鲜批发生意,生意很不错。后来，我在海鲜市场上还遇到过他几次。

然而,眼前的他,虽然身材仍像先前一样魁梧,甚至肤色还白净了不少,但走路的姿势竟然那样缓慢。他跟我打招呼的时候,声音也有些含糊不清。

在往旁边一个路口转弯的时候,从前面驶过来一辆面包车。尽管我已经站在路旁,他仍然抬手提醒我注意。待我俩一起走上那条通往海滩,且没有机动车辆行驶的道路之后,他才跟我细说了缘由。

原来,在去年冬天一个浓雾的早晨,他开车去渔码头进货。在出门之前,他的家人再三叮嘱他,在雾天里开车一定要放慢速度。

然而,他为了赶时间,再加上他平时一直认为自己的驾驶技术不错,因而一路之上并没有多大减速。很快,他追上了前面的一辆集装箱车。因为那辆集装箱车开得很慢,他急于从侧面超车过去。就在他提速准备超过前面那辆集装箱车的时候,与迎面驶来的一辆货车相撞……

滴水藏海

谁都希望自己在人生的大道上,快马加鞭,自由翱翔。但是,人生之路从来就不会是一马平川的,它有狂风暴雨,也有坎坷磨难。尤其是在一些紧要关头,往往一个念头的差异,会改变一个人一生的命运。

尽管只是一念的差别,结果却是那样出人意料的悬殊。一个人也许在昨天还风光无限,但因为迈错一步,今天便身陷困境或囹圄。在很多时候,命运就是通过这种残酷的方式来捉弄人。

他在医院里治疗了3个月,刚苏醒过来的那阵子,他的脑子里一片空白,一点都不记得过去发生了什么。他甚至在很长一段时间里,连自己最亲近的妻子都认不出来。他不知道,一个陌生的女人,为什么会对他如此关心。直到出院回到家里,当他看见了躺在床上的母亲,并听到母亲老泪纵横地喊他的乳名的时候,他的记忆才逐渐恢复过来。

经历那场车祸之后,他先前购买的那辆车基本报废了。另外,因为住院治疗,将全家多年的积蓄也花空了。

现在,他的心里只有后悔,当时不该不听从家人的叮嘱。只是因为一念的差别,竟使他变成了两个完全不同的人。

最后,他苦涩地笑道:"我现在最大的愿望,就是能够像你们一样,在这条路上自由地跑上一个来回。"

我就劝慰他说:"你毕竟还年轻,只要每天坚持出来走一走,身体很快就会恢复到从前那样子。"

他听了之后,朝我感激地笑了。

想来,我认识的那位朋友还算是幸运的,毕竟他还有机会为自己错误的行为而后悔和改正,毕竟他还能够通过自己的努力,慢慢地恢复自己的身体,然后继续自己未来的生活。

可是,对于有的人来说,一念之差,将是毁灭性的打击,就像一窝白蚁毁掉一座大坝,一个螺栓颠覆一艘巨轮一样。因此,在生活中,你应该尽力将那些侥幸和自以为是的念头,从你的心里清除掉。

73. 每一个生命都有自己的价值

那是在去年初冬,厨房里剩下几个洋葱,我随手将它们埋在院子里的花坛内。今年春天,那些洋葱竟然发出了纤细而嫩绿的叶芽。

进入5月,花坛里的月季开得花团锦簇,芳香四溢。另外两株栀子花,也以强劲的势头疯长起来,拓展着自己的领地。而那几棵洋葱也不甘示弱,它们争先恐后地冒出绿色圆柱状的花茎。

洋葱原本是蔬菜,待在花坛里总感觉有些不合时宜。可是,见它们也只是向上疯长,占不了多大地方,也就任由它们生长了。

那些翠绿的花茎为了拥抱阳光,努力地向上伸展着,足有1米高。它们就像一支支绿色的引弓待发的箭,直射向天空。

后来,我发现了一个奇怪的现象,

滴水藏海

在生活中,我们往往把注意力集中在那些繁华美丽的东西上面,而把那些普通而平淡的生命给忽视了。

每一根花茎的底端都长成"葫芦"的形状。原来，那几棵洋葱为了拥抱更大的空间，它们懂得扬长避短，将圆柱状的花茎尽力朝高处伸展，而不像栀子花那样四处纵生。即使这样，那些洋葱仍不忘打好"根基"，底端葫芦状的茎可以使上面的细茎承受住大风的侵袭。

这个变化，忽然使我对那几棵洋葱产生一些可爱的感觉，甚至认为它们带有几丝灵性。于是，我就自作主张，给它们起了一个好听的名字"洋葱花"。

有一天，一群麻雀落在洋葱花上，啄食那些白白的花球。儿子在院子里玩耍时，看到了那些小麻雀，竟异想天开地去追赶它们。结果，将其中一株洋葱花的长茎给折断了，只连接了少许的脉络。

我见了之后，竟感到有点惋惜。然而，几天之后，那根几乎被折断的洋葱花茎，居然顽强地翘了起来。虽然它的身子弯了，但在弯过之后，它还是努力地朝上生长。

> 其实，每一个生命都有它存在的美丽之处。只是在很多时候，由于我们缺乏发现它们的热情和眼光罢了。

有朋友来,远远见到那些直立如箭的花茎,便会惊讶地问:"你栽的是什么花呀?"

当我告诉对方是"洋葱花"时,他们会愈加奇怪地说:"这种花很少见呀,麻烦你给我移一棵。"

我笑着对他们说:"这很省事呀,你可以到菜市场上买两斤洋葱回来,随便埋在花盆里就成了。"

此时,他们才恍然大悟。在笑过之后,他们对那些洋葱展现出的美丽姿态也都表示惊讶。

74. 上帝的陷阱

很久以前,在寒冷的北极圈附近,就出现了一种后来被人们称为旅鼠的小动物。在这个弱肉强食的世界里,旅鼠显得非常弱小。它们依靠食草根和苔藓为生,时时还要提防一些肉食动物的攻击。

后来为了生存,一只旅鼠的首领

历尽千难万险，终于找到了上帝。它祈求上帝能够赐予它们一种特殊的本领，以保证家族的延续。

最终，上帝答应了它的请求，便赐给了旅鼠超强的繁殖力。一只雌旅鼠在一年之中可以怀胎6到7次，而小旅鼠在出生30天之后，就开始做"父母"。因此，一只雌旅鼠一年就可以繁殖出数以千计的子孙。

旅鼠家族自从有了这种特殊的本领之后，陡然壮大起来。在冰冷的极地，随处都能见到旅鼠成群结队的影子。随后，一件令旅鼠首领异常头疼的事情发生了：极度匮乏的食物资源，将给日益壮大的旅鼠家族带来灭顶之灾！

因此，它再一次找到上帝，并把旅鼠家族所面临的危机禀报给上帝，祈求上帝能够给它一个解决危机的答案。

上帝思忖了一会儿，而后狡黠地笑道："答案就在大海里面，需要你勇敢地率领属下一起去寻找。"

旅鼠对上帝的话没有丝毫怀疑。归来之后，它便率领不计其数的旅鼠朝大海的方向进发。它们一路无畏，星

滴水藏海

这只是一个假想的故事，甚至看起来有一点荒唐。然而，旅鼠们在食物资源匮乏时期，为了家族的延续，它们大规模集体赴死的自然现象却是一个事实。其实，它们已经用生命诠释了那个神圣的答案，上帝就是它们自己。

夜兼程。如果遇到悬崖挡道，众多的旅鼠就会自发抱成一个"大肉团"，勇敢地朝悬崖下滚去，死亡的旅鼠给存活的旅鼠铺路；如果遇到河流挡道，行在前面的旅鼠会义无反顾地跳入水中，为后面赶来的旅鼠搭起一座"鼠桥"。

最后，所剩无几的旅鼠大军终于见到了大海。它们为了尽快获得那个神圣的答案，纷纷冲进大海之中，结果是全军覆灭。

或许，每一只冲进大海的旅鼠都已经找到了答案，但它们却没有办法将答案带回来。因为没有一只旅鼠能够幸存，或者在面对死亡的时候而产生退缩。而以后的旅鼠首领，仍继承着前辈的传统，为了寻找那个答案前赴后继。

而旅鼠的家族，却因此而得以延续。

> 对于我们来说，人生就是每一个人的"上帝"。在人生的道路上，上帝也会像对待那些旅鼠一样，在赐予我们快乐的同时，也会设下一个个陷阱，等待我们去解答。那么，当我们面对人生中的那些挫折和困境的时候，是否能够像旅鼠一样坦然面对，并毫不退缩呢？

75. 活出自己生命的价值

老街整修的时候，原先路边的那两排高大挺拔的白杨树几乎都被砍伐了。只有一棵距离整修路段较远的树免遭厄运。

平整宽阔的路面两旁,栽种上了一些观赏性花木,有樱花树、迎春和雨芙蓉。春天来时,金黄金黄的迎春花,将整条街道装扮得异常亮丽。迎春花落了,樱花树和雨芙蓉便开始蓄积力量,绽出动人的花朵。然而,它们都是一些长势缓慢的季节性花木。待热闹的花季过去之后,它们也像其他的树木一样默默地生长着。

在那棵孤独的白杨树对面,是一家设施普通的幼儿园。因为那不是一家全托制的幼儿园,所以每天中午我都要骑单车接儿子回家吃午饭。

最近,持续了半个月 36 度以上的高温天气,为这个夏天增添了许多凶猛的气势。可是,每天顶着毒辣辣的日头按时接送儿子,仍丝毫不敢疏忽。

在幼儿园门口,有一排用绿色玻璃钢瓦搭顶的简易棚子。这是为了方便家长在雨雪天接送孩子时,躲避雨雪的。而在这个炎热的夏季,毒辣的阳光把玻璃钢瓦刺穿了,使下面变成

滴水藏海

如果一个人能够大彻大悟,尽自己最大的力量去为他人服务,那么,他将来的事业必定会有惊人的发展。给别人以帮助和鼓励,你自己不但不会有损失,反而会有所收获。

了一个烘人的"蒸箱"。

家长提前赶来时,都不约而同地来到那棵白杨树下。树的直径估计已经超过了40厘米,10多米高挺拔的树干,像一把巨伞的柄,撑起绿色婆娑的枝叶。

站在树荫里,感觉凉气袭袭,而几步之外则酷热难耐。以前,我很少关注这棵孤零零的白杨树,甚至忽视了它的存在。可是,在这个炎热的夏天,忽然使我重新发现了它生命的价值。

我仰起头,凝视着那棵白杨树,虽然它的枝干像少女的肌肤一样细腻光洁,但它却毫不畏缩地伸展着,柔美中透出一股无形的阳刚之气。

在如火的阳光底下,它没有像我们一样畏惧和抱怨夏日的酷热,而是轻轻舞动着热情的枝叶。那些油亮的叶子,相互簇拥着、呢喃着,抑或是在欢乐地歌唱。

于是,叶子的歌声便化为一缕缕清凉的风,送给每一个从它身边经过的人。那凉凉的风,拂去了我身上的汗水,仿佛整颗心也由浮躁置于清凉

因此,你应该努力做一个有责任感的人。无论对自己还是别人,都应该多一些关心和帮助。一旦你拥有了这种责任感,你便具备了超强的自制力,可以控制自己随时产生的冲动,并驾驭自己的思想。你就会感觉到,你的内心正在产生一种全新的、无声的力量。

和安寂中了。此时，我对那棵树，蓦然产生了一种无限的敬慕和感激。

那是一棵极其平凡的树，平凡得令我们可以随时忘记它。可是，它并没有因为我们的冷漠而放弃生命的热情和生长的执着。

在寒冷的冬季，它会用刚强的躯体，向人们证明生命的坚毅；在炎热的夏季，它会把生命的阴凉和关爱送给每一个走近它的人。

有些时候，我就想，人啊，不就是一棵会动的树吗？

活着，就应该活出一种价值！

76. 美丽的风景在于发现

滴水藏海

为什么相同的路程，有的人感觉枯燥乏味，而有的人则满心愉悦呢？罗丹说过："生活中不是缺少美，而是缺少发现美的眼镜。"

有位老教授与几个弟子一起去爬山，那是一座光秃秃的石山，山高只有200米左右。那座石山距离他们所在的大学，不到10公里的路程。一些刚入校的新生，经常结伴去爬那座石山。然而，在那座石山的顶部，除了一块孤零零的巨石,再没有任何值得观赏的景物。因此,在爬过几次之后,那些学生就对石山一点都不感兴趣了。

当他们顶着烈日爬到山顶之后,众人的衬衣都被汗水浸透了。那些学生一个个都横七竖八地躺倒在山顶上,他们一边揭开衬衣的扣子,用衣襟扇风,一边抱怨说:"这样一座破山,连个乘凉的地方都没有,真没劲!"

而此时,他们却发现身边的教授情绪非常高涨。尽管汗水早已沁满了他的额头,可是他的神情没有一点疲劳的迹象。他们不解地问教授:"老师,您不觉得累吗?"

老教授笑着摇了摇头,说:"我一点都不感觉累呀!因为,刚才爬山的时候,我一直在猜想山顶上会是怎样一番景象。虽然你们已经告诉我了,山顶上只有一块巨石,可是我还想知道它是什么形状。你们已经爬过数次了,或许对它早已失去了兴趣,因此便把爬山当成了一种负担,所以就感觉非常无趣和疲劳。"

学生们都赞同老教授的说法,而

生活不就是这样一个道理吗?如果天上的星辰一生只出现一次,那么每个人一定都会去仰望。而且在看过之后,一定都会大谈特谈这次经验的庄严和壮观。

传媒也一定提前就大作宣传,而事后许久还会大赞其美。星辰果真只出现一次,人们一定会作好准备,决不愿错过星辰之美。然而事实上,它们每晚都在夜空上闪亮,所以人们好几个月都不去抬头望一下天空。当一个人懂得从身边发现美的时候,也许他的人生旅程就会丰富多彩起来。

后他们便补充说:"所以,下次您再来爬山的时候,也会像我们一样感觉没有意思了。"

老教授听了,又微笑着摇了摇头说:"不会的,虽然山顶上没有好看的风景,但你们为什么不往四下眺望一下呢?你们看,那绿油油的田野,多么像一望无际的大海呀;那些小村庄,多么像漂泊在大海上的船;而我们所在的这座山,又多么像是一座海岛。或许在很多年以前,它还真是一座海岛哩……"

那些学生在老教授的指点下,站起来朝四处眺望,也被那些美丽的景色深深地吸引住了。原来,他们心中欲寻找的美景,就在自己的眼前啊!

一阵阵凉爽的山风吹来,他们身上的疲劳悄然消失了。

有两个朋友,结伴乘坐火车外出。火车大都在野外行驶,因为是深秋,外面的景象就显得异常空旷,给人一种孤寂和枯燥的感觉。

一个朋友感到非常疲倦,坐在椅子上打盹。偶尔,他睁开眼睛,往车窗外瞅两眼,也只是抱怨车速太慢。

生活中最绚丽的风景,是需要用热情的心态去构筑和发现的。你应该学会眺望,不要因为一时目光的短浅,而疏忽了那些可以带给你心灵震撼的美景。

处处留心皆机遇,人生的机会可能会以不同的方式降临到你的面前,甚至会像一个调皮的孩子似的,跟你开一个玩笑。你要捕捉它,就需要培养自己发现的目光,在生活中练习留心身边事物的习惯,时时刻刻全身心地准备去拥抱每一次光顾你的幸运之神。

然而，另一个朋友却兴趣盎然地瞅着车窗外，一点都看不出倦意。

在到达终点站之后，那个打盹的朋友，长吁了一口气，问身边的朋友："终于熬到站了，你不觉得累吗？"

另一位朋友摇了摇头说："我一点也没感觉到累，你猜我这一路在做什么？——我在数车窗外面树木上的喜鹊巢，你猜有多少个呢？"

刚才那位朋友诧异地摇了摇头。

他兴奋地说："我数了，足足有1000个哩！"

你希望捕捉到机遇，一定要独具慧眼，在生活中处处留心。其实，只要你留心身边的每一件小事，每一件小事里面都可能蕴藏着机会。

77.涩涩的清香是快乐

茶香袅袅，溢满了现场的每一个角落。

她微笑着放下手中的茶杯，抿了抿嘴角残余的茶香，而后轻松地说出了茶叶的名称和产地。这已是她连续30多次，丝毫不差地品评出茶叶的身份。

在这个茶博会的互动节目上，她

滴水藏海

只是因为热爱，那些涩涩的滋味最终都化成了快乐。而我们每个人的生活，又何尝不是这样一个道理呢？

成了现场绝对的主角。她是一位优秀的品茶师,已经有20多年的品茶经验。

这时候,一个打扮时尚的女孩,羡慕地对她说:"你的这份工作既轻松,又可以随时品味茶香,真是天下难觅呀!"

她听了之后,仍微笑着说:"每一份工作其实都像杯里的茶水一样,再醉人的茶香,也掩饰不住它们内含的涩意。但因为热爱着,原本的涩意也就变成快乐了。"

然后,她告诉那个女孩,因为这份工作,从小爱美的她,在20多年里竟没有沾过一点化妆品。在工作中,有时候为了品评一种茶叶的品质,往往要反复冲泡许多遍,连续喝下大量茶水。因此,她的胃里面经常会有令人难受的胃酸反应。

此时,感到惊讶的,不仅仅是刚才那个女孩,还包括我和身边的其他观众。

这个时候,我忽然想起去年夏天随朋友去采访一个模特儿团队的情景。当时,经过激烈的角逐,在众多竞争

> 在你未来的生活中,成功的道路并非只有一条。但不论你选择哪条道路,对你来说,既是一种幸福又是一种考验。

对手当中,她们这个团队获得了全场的最高分。

在后台,我们采访一位刚走下T台的年轻女孩:"你们刚才的表演非常出色,你此刻的心情一定很激动吧?"

她兴奋地点了点头。

我继续问道:"那你现在最想做的事情是什么呢?"

她忍不住笑着说:"我想立即甩掉脚下的高跟鞋。"

我也被她的幽默给逗乐了。其实,这也是她们生活的真实一面。当她们接受完训练走下T台时,最迫不及待的事情就是甩掉鞋子,将麻木的脚掌直接踩到地板上。

在为她们拍照的时候,朋友特意抓拍了几幅脚部的特写。那些原本纤细的脚掌,大都因为长时间走台训练,被磨出了厚厚的茧子,甚至有的关节严重变形。

那些厚厚的老茧和变形的骨节,很容易使我联想到在她们风光的背后,也像那位优秀的品茶师一样,品尝过数不清的苦涩。

人生要过得充实,你就一定要按照自己最高的价值标准生活。因此,现在无论你从事何种行业,无论你置身怎样的起点,只要你能够做到努力拼搏,有一股做事不赢不罢休的信念,那么就没有困难能阻止你成功。

第四辑　温暖一生的亲情

　　当这份温情轻轻地落到你身边的时候,请一定好好地珍惜,不要错过。在默默地接受亲人给予的同时,别忘了默默地为亲人付出,然后再把这份爱推广到爱你和你所爱的人身上。这样,生活就会因为又增添了一份温馨祥和的情愫而变得愈加美好!

78. 牵一牵母亲的手

那次,我应一位朋友之邀,客串为他的学生讲了两堂写作课。他们即将面临高考,学习生活异常紧张。在课堂上,我曾给他们出了这样一个问题:"如果命运之神可以满足你一个心愿,你最大的愿望是什么呢?"

当时,大多数学生回答是能够顺利通过高考,也有部分学生希望自己能够像超女,或比尔·盖茨一样成为某个领域的偶像。

然而,有一个男孩却这样回答:"我最大的心愿就是牵一下妈妈的手。"他在说这句话的时候,眼睛里竟泛着泪花。然后,他讲了这样一件事情:

他家是在一个小山村里,距离所在的学校有数十里路。因此,他升入这所学校之后,一直在学校寄宿。他的母亲是一位普通的农家妇女,在家

> **滴水藏海**
>
> 母亲总是想方设法,把自己身上那些最为美好的东西带给自己的孩子。母亲是这个世界上最伟大的人。当我们遭遇不幸,处在伤痛的时候,第一个来到我们身边支持我们的,就是我们的母亲。

看管两亩果园。因为父亲的腿有残疾,所以果子成熟之后,总是由母亲蹬着三轮车,将摘下的果子驮到离家20多里外的小镇上卖掉。每次卖掉果子之后,她总是要在市场上买一点好吃的东西,然后再蹬上十多里路来探望他。

那是在去年中考前夕,母亲趁早将几筐桃子卖掉,然后买了他最爱吃的葱花饼。她怕葱花饼凉了,便用干净的布巾包了又包。

中午的最后一遍铃声响过之后,他急匆匆地往学校门口跑去。母亲已将三轮车停在远处的树底下,却站在没有一点遮阴之处的校门口。毒辣辣的日头,将她黝黑的面孔烤出一层细密的汗珠子,蓝色的短袖衫泛着亮晶晶的盐粒。母亲笑着上前抓住他的手,关切地说:"走,到那边树荫下,妈给你买了葱花饼。"

这时候,有些距离家较近的同学,推着自行车涌出来。他感到有些难为情,便把手轻轻一甩,将母亲那只布满老茧的手掌甩开了。母亲的脸上闪过一抹失落,然后一前一后朝附近那棵树

拥有母爱,就等于我们收到了这个世界上最好的礼物。最终,我们心中的伤痛,会在爱的抚慰下,逐渐消融。母爱,是我们一生中最宝贵的财富,紧紧牵住母亲的手吧,不要给自己留下遗憾!

走去。在树荫下,当母亲将那一摞温热的葱花饼放到他手中的时候,她脸上的失落完全被一种欣慰的神情替代了。

他低着头对母亲说:"这么远的路,以后就不要来了。"

母亲笑着摇了摇头,仍像先前一样不厌其烦地叮嘱他保重身体。然后,目送着他走进校园,母亲才骑上三轮车离去。当他咬了一口手中香喷喷的葱花饼时,忽然想起刚才忘了问母亲是否吃过午饭。

一个星期之后,一个噩耗传来,他的母亲在去小镇卖果子的途中遭遇了车祸。当他心急如焚地赶回家时,面对的只有母亲那僵硬而苍白的面孔。他扑通跪倒在母亲的身下,万般痛悔地哭喊道:"妈!——你为什么不牵儿的手了啊?!——"

他流着泪说完这件事情,然后郑重地说:"现在,我愿意用一生中最珍贵的东西,来换取跟母亲牵一牵手的机会!"

此时,不光是我,几乎所有人的眼睛都湿润了。

79. 跳跃在阳光下的慈心

夏日的阳光,像火一样炙人。那个用钢化玻璃搭制的候车厅,简直变成了一个透明的桑拿房,里面热浪蒸人。为了躲避头顶的烈日,我和其他一些等车的乘客,不约而同地聚到附近的一棵法桐树下。

在距离树荫几步远的人行道上,盘膝坐着一个年老的乞丐。他的头发已经花白,长长的胡须则像秋后染了浓霜的杂草,胡乱地堆在干瘪的胸膛上。

老人的面前放着一个白色的搪瓷缸子,怀里则抱着一把陈旧不堪、木质乌黑的土琵琶,其中的一根弦已经断裂了。

老人犹如一尊刚出土的佛。他并没有像别的乞丐那样,低声哀求过往的行人。他只是用干枯的手掌不停地拨弄着剩余的琴弦。他弹琵琶的手势,

> **滴水藏海**
>
> 这个世界是需要爱心的,就像人类离不开空气一样。如果在生活中,每个人都能够付出自己的爱心,尽自己的能力去帮助那些遭遇困难的人,那么,生活就会变得愈加美丽动人。

机械而呆板。因而从琴弦飘出的声音，只有"仓当——仓当——"单调而沉闷的声响，甚至连弹棉花的弓弦声都比不上。

很显然，他用错了道具。他的努力，只能给炎热的夏天制造出更多烦人的噪音而已。从刚才过往的那几个女孩脸上的表情能够看出，他的努力很难赢得别人的怜悯。一个穿着精美拖鞋，染着粉红色脚趾甲的女孩，甚至像躲避瘟疫似的，捂着耳朵，皱着眉头，从他的面前逃过。

然而，老人如同坐在经堂里诵经一样，仍虔诚地拨弄着怀中的土琵琶。或许，我是被他的执着打动了，从背包里摸出一元硬币走了过去。那个白色的搪瓷缸子里，只有零星几元硬币。我投币的声音好像惊醒了他。老人仰起古铜色的爬满皱纹的面孔，挂在上面的灰尘和汗水，丝毫掩饰不住他那憨实和笃定的笑容。

我蓦然感到，眼前的这抹笑容，对我来说竟是如此熟悉和亲切。哦，它就像我的祖父在田间歇息时的神

> 请你不要吝啬自己的爱心。当你播种下自己爱心的时候，一定会有一个丰厚的收获。尽管你的付出，并不是完全为了回报。

情。我不由自主地俯下身去问道:"老人家,你多大年纪了?"

老人稍一愣怔,他的耳朵已经有些背了。我又大声重复了一遍,他才听明白。继而,他用油腻的衣襟擦了擦额头上的汗水,说:"再过这一年,俺正好80了。"

我继续提高声音问:"你都这么大年纪了,为什么不待在家里呢?你好像并不会弹琵琶,你看琴弦都断了一根!"

老人惋惜地揉搓着那根断裂的琴弦,告诉我说:"这根琴弦在俩月前就被磨了,俺手拙,都弹这么久了,仍弹不出一个准音。其实,这琵琶是俺儿子的,他弹得才叫好哩。只是在3年前,他在建筑工地上打工时,不小心从架子上跌下来,整个人就废了,连炕都下不来。当时,俺的大孙女还在念大学,小孙子在念高中。俺想过,家里再穷再苦,也不能荒废了孩子的学业。这样,俺就从老家出来了。弹着弹着,两年多就过去了。现在,俺的大孙女已经参加工作了,小孙子又开始念大学了。等小孙子毕了业,俺

> 因为,生活就像山谷的回音,你付出什么,就会得到什么;你耕种什么,就会收获什么。

就抱着琵琶回家养老去……"

当我准备再次把手伸入背包的时候，老人顿时明白了我的意思。他用那只干枯的手掌，将面前的那个搪瓷缸口捂住，连声说："小伙子，你已经给了、你已经给了……"

在我乘车离开的途中，那一声声单调的弦音，始终萦绕在我的耳畔，甚至比先前还要清晰。它不停地叩击着我的耳鼓，一阵隐隐的痛，随之传到我的心头。

我忽然有一种想返回去的冲动，然后对每一位过往的行人说："你们知道吗？这是一位可敬的长者。他为了爱，在承受着烈日的炙烤。让我们一起施舍给他一分阴凉，遮挡6月的烈日好吗？"

> 其实，从另一个角度讲，你帮助别人就是在强大自己，你帮助别人也就是在帮助自己，你为以后的生活铺开了更宽广的路。

80. 伸入灵魂的路

那天，我在一个笔会上遇见了他。当时，他是在妻子的陪同下，坐着轮椅来到会场的。我们在跟他交流的时候才知道,他除了写作,还酷爱收藏连环画。因此,他经常独自摇着轮椅,往返将近5公里的路程,到文化市场的旧书摊上淘书。

而更令我们惊讶的是,从小就患有小儿麻痹,且没有进过一天学校,一直依靠轮椅行走的他,最近却创作完成了一部长篇历史小说,而且已经有投资方准备将其拍摄成电视剧。

当我问他是如何走上文学创作这条道路的时候,他却微笑着对我说:"尽管我的双腿残疾,但在我很小的时候,父亲已经在我的灵魂深处铺下了一条小路。虽然它还有些崎岖,可是它却通往一个遥远的世界。而我也就是一直沿着父亲为我铺下的那条小路,努力走下去罢了。"

然后,他就对我们讲述起他小时候的一段经历:

从一记事的时候起,他就只能坐在一辆简易的轮椅上,羡慕地看着小伙伴们快乐地嬉戏。那辆轮椅,是他的父亲伐倒一棵小桃树,然后用

滴水藏海

父母的爱是无边的,它弥漫在儿女身边的每一个角落。这是一种永恒的爱,不会随着时间和空间的变换而转换。不管儿女离家多远,他们永远都走不出父母心灵的视线。父亲,更是一个庄严的名词。他用一生的尊严,默默呵护着儿女健康地成长。

桃木为他制作的。

当时，曾有不少邻居问过他的父亲："你怎么舍得伐倒一棵桃树，用外面的槐树不是一样吗？"父亲很认真地说："桃木祈福，为了孩子，一棵桃树算啥哩。"

邻居们听了之后，都赞同地点一点头。他们顺便摸一摸他的小脑袋瓜说："小家伙将来一定会有出息。"

每天，他最喜欢的事情，就是让母亲把他推到门口，凝视着那些美丽的小鸟儿在柳树的叶丛里飞来飞去，或捧着一本别人用过的旧课本，不厌其烦地翻读。

在他13岁那年，父亲为他购买了一辆铁制的，可以自由活动的轮椅。他感觉自己像一下子长上了双翅，能够自己掌控着轮椅来到门外的那条小路。他甚至可以摇着轮椅，到达离家200多米远的一个小土坡前，那也是当时他能够到达的最远的地方。那个小土坡有五六米高，非常陡峭，即使父亲也很难将他和轮椅一起推上那个土坡。

有一次，他问父亲："门口那条

小路有多长呢？"

父亲告诉他说："它伸向了很远的地方。"

他听了之后，非常失望地说："可是我只能守在那个土坡前。"

父亲沉默了。

农忙过后，父亲便带上工具，推着独轮车来到那个土坡上，开始动手挖土。

过路的人不解地问："你挖土干啥呢？"

父亲一边擦着额头的汗水，一边笑着告诉他们，他准备将屋后那块洼地垫起来，然后种植上果树。随着屋后那块洼地一天一天地变高，那个小土坡也在一点一点地变矮。

两个月后的一个早晨，父亲掩饰不住内心的喜悦对他说："再过5天就是你的生日了，你猜我想提前送你一件什么样的礼物呢？"

他猜了很多东西，结果都被父亲摇头否定了。

吃过早饭，父亲陪他一起来到那个土坡前。他发现父亲在土坡上挖的那个大豁口已经贯通了,而且父亲还将豁口的路面精心平整过了。

父亲就在一旁鼓励他说:"你试试看,自己能不能过去。"

他没有费太多的力气,便穿过了那个路口。外面的风景,在他的眼里豁然开朗,他兴奋地呼喊起来。继而,他明白了父亲的心思,眼泪夺眶而出……

6年后,他创作的处女作《伸入灵魂的路》,发表在当地日报的副刊上。不久,他收到了5元钱的稿费,这是他写作的第一笔收入。

他用5元钱稿费,为父亲购买了两瓶白酒。在那个晚上,父亲喝得红光满面,而后他无比欣慰地说:"喝下这酒,俺已经知足了,那条路算没白修。"

我们听他讲述完这段经历,一个个都感动不已。

随后,他异常动情地说:"就在翻过土坡的那一刻,我知道自己也会拥有一个广阔的天空。我不再为自己的残疾而感到自卑。尽管我仍'走'得很慢,可是我的灵魂中却有一条坚实的道路,我会勇敢地'走'下去。"

原来,这世上有一种爱根本无须表白。只要在你人生最关键、最需要的时候,他就会如期而至,悄无声息。

81. 温暖一生的疤痕

我们得知姥姥中风的消息时,已经是半个月以后了。

母亲一边拭着泪,一边数落舅舅告诉得太迟。然后,母亲便随我的舅舅一起,匆匆忙忙地赶回娘家去了。

一个月之后,母亲才从姥姥家返回来,她脸上的神情显得愈加郁闷。我们预感到,姥姥的病情可能没有出现好转。果然,母亲告诉我们,姥姥的病情很严重,大半个身子已经失去了知觉,而且还患上了失语症。

因为交通不便,所以当时我们只能在正月或那边的亲戚有婚丧嫁娶等应酬的时候,才跟随母亲去探望一下姥姥。然而,自从姥姥病重之后,我们去的次数比以前频繁多了。

那时候,经常天刚蒙蒙亮,我们就被母亲唤起床,而后步行十多里路,

> **滴水藏海**
>
> 在世上有一颗无尘无染的心,那就是母亲的心。在孩子呱呱坠地之时,母亲就把一生的牵挂系在了孩子身上。即使到生命的最后一刻,她们也不愿将这份牵挂松开。

来到一个小站上。然后，我们就乘坐上一辆拥挤的列车，在数十里外的另一个小站下车。之后，我们还要步行20多里路，才能到达姥姥家中。

或许是因为好奇，我特别喜欢乘坐火车时的那种疾驰如飞的感觉。因而，虽然去一趟姥姥家来回要步行数十里路，可是我丝毫不觉得劳累。反之，我会经常提醒母亲说："我们该去探望姥姥了。"

母亲听了，就会放下手中的营生，目视着姥姥家的方向，忧心忡忡地说："是啊，也不知道你姥姥现在怎么样了。"

在10月的山野里，庄稼和草木仍然透着一片生机。那些蝉儿躲在白杨树的枝叶间，不知疲倦地鸣唱着。而蝈蝈们，则藏在沟坎旁的那些棉槐丛中，与蝉比试着歌声。它们的声音更加清脆，直接穿透青纱帐，在田野的上空交织、碰撞到一起。

在途中，我们总要经过一个狭长的水塘，里面长满了蒲草。纤细柔长的叶子，几乎将整片水塘掩盖起来。几乎每一株蒲草，都生长着一支小棒

> 母亲，就像是一头忠实的耕牛，能承受的，母亲都承受了；能付出的，母亲也都付出了。

槌形状的蒲棒。在阳光的照耀下，那些即将成熟的蒲棒泛着茶褐色的光泽。

我刚欲走过去采摘，却被母亲阻拦住了，因为她不知道水塘的深浅。母亲见我执意不肯前行，就问道："你采那些蒲棒干什么呢？"

我认真地说："我想带给姥姥一件礼物。"

母亲欣慰地笑了，眼睛里竟闪动着泪花。然后，母亲就牵着我的手，小心翼翼地走到水塘边，采了几支离岸边最近的蒲棒。

每一次见我们进来，姥姥总是想自己努力将身子撑起来，然而每一次都是徒劳。母亲就赶紧放下手中的东西，疾步迎上前去，小心翼翼地将姥姥搀扶着坐起来。

姥姥虽然说不出话来，但是脸上总是挂着笑容。母亲一边为她揉捏那只早已失去知觉的右臂，一边关切地问："娘，这段日子感觉好些了吗？"

姥姥听了，就狠劲地点着头。其实，她的右臂仍像一件与她的肌体毫无干系的物什一样。继而，母亲耐心

母亲，就像是一柄遮风挡雨的大伞，庇护着子女们健壮地成长。无论过去多少年，相距有多么遥远，母亲的爱，都会始终如一地庇护着我们。

地为姥姥揉捏每一个手指。揉着揉着，母亲的眼泪就掉了下来，姥姥的眼角也跟着流出两行浊泪。

几乎一整天，母亲的手总是攥着姥姥那只失去知觉的右手。后来，我在姥姥右手食指上发现了一道奇怪的疤痕：那道疤痕，呈暗红色，像一枚特殊的戒指，紧紧箍在她那干枯的指头上。

有一次，我好奇地问母亲："姥姥手指上的疤痕是怎么留下的呢？"

母亲听了，便对我讲了这样一件事情：原来，在我的母亲6岁那年，因为高烧突发抽风，昏迷不醒。姥姥掰开母亲紧咬的牙关，毫不犹豫地将食指塞了进去。在乘拖拉机去乡卫生院的路上，一位帮忙的邻居实在看不下去，就从车斗里找了一块小木条，想把姥姥的手指替换出来。可是，姥姥坚持不肯，待到了卫生院，血水已经将姥姥的大半个衣袖浸透了。后来，母亲的病痊愈了，而在姥姥右手的食指上却留下了一道永久的疤痕……

许多年过去了，然而每当回忆起

往事,我总会想起离世多年的姥姥,还有她食指上那道暗红色的疤痕。那道疤痕,好像是移植到了我的心灵里。它闪着一种耀眼的光泽,时刻感动着我。我想,母爱就是一枚摘不掉的戒指吧,一生都会与我们相随!

82. 浸满泪水的蜂巢

与几位朋友结伴爬山,临近中午,我们找了一家环境优雅的山村小店品尝"农家宴"。小店的老板是一个面相憨实的中年汉子,他向我们推荐了一道最具山里特色的菜——"油炸蜂蛹"。

当服务员将那盘"油炸蜂蛹"端上来的时候,那些已被炸成金黄色、膨胀的蜂蛹,散发出一缕缕诱人食欲的香气。夹一个放入嘴里品尝,味道果然不错,我们一个个都赞叹不已。

只是盘里蜂蛹的量太少,每人刚品尝了几个,便露出了盘底。其中一位朋友开玩笑说:"老板,你们这店也太黑了吧,90多元一盘的蜂蛹就给炸这么一点点?"

对这样的玩笑话,老板好像已经习以为常,他陪着笑脸说:"你们吃的是虎头蜂的蜂蛹,它们可是山里最毒最凶的山蜂。这可是采蜂蛹的人,冒着生命危险采来的。"

我们听了之后,都有点半信半疑。老板显然已经看了出来,他说:"我怎么会骗你们呢?你们下山时,往前走不出3里路,就会经过一个小村。村里有一个姓赵的果农,就是在半个月前采蜂蛹时,被虎头蜂蜇死了。"

我们能感觉到,他不像是在编瞎话。于是,我惊诧地问他:"既然采蜂蛹那么危险,他为什么还要去采呢?"

老板便跟我们细说起了这件事情。原来,那个被虎头蜂蜇死的果农以前采过蜂蛹,只是过去蜂蛹的价钱低,又容易被山峰蜇伤,所以后来洗手不做了。

然而,这两年,农家宴红火起来,蜂蛹就成了紧俏货。因为他家果园收

滴水藏海

父母给予子女的爱,才是世界上最无私最真诚的爱。父母熬尽心血,将子女养育成人。每当困难降临的时候,为了子女的未来,父母就会用他们的肩膀,甚至是生命承担起所有的苦难。父母用行动教会了我们如何直面困难,如何选择坚强。

入一直不好，他只好重操旧业。他有两个女儿，大的在外面上大学，小的今年又考上高中。为了供两个女儿上学，他每天都是起早连黑地到山林里去寻找蜂巢。

那天傍晚，他在一个石洞口发现了一个大大的虎头蜂巢，他估计至少能采得两三斤蜂蛹。随后，他便点燃了随身携带的硫黄。

一阵刺鼻的烟雾之后，那些栖在蜂巢上的虎头蜂纷纷跌落到地上。当他兴奋地采摘下那个沉甸甸的蜂巢时，竟疏忽了在石洞旁边一根树枝上，还有一个略小点的蜂巢。栖在上面的200多只虎头蜂，显然意识到了危险的降临。它们"呼啦"一下飞起来，将他团团包围住。他慌忙挥手扑打，但那些虎头蜂却凶狠地朝他暴露的肌肤上蜇去……

当人们在山上发现他的时候，他已经浑身肿胀得像一个吹了气的橡皮人似的，结果不治而亡。

听他说完这件事情之后，我们刚才的食欲顿消。盘里剩下的那几个蜂

相对于父母之爱的厚重与博大，我们晚辈所能偿还的，比之于父母给予我们的爱，犹如滴水之于汪洋，沙砾之于高山，小草之于森林。

蛹，直到最后也没有人动箸。

下山的时候，我们从那个只有二三十户人家的小村旁经过。一位在报社工作的朋友提议，到那个果农家去探望一下。

一个小女孩，将我们带到那个果农家的门口。只有果农的妻子一个人在家，显然她还没有从丧夫的悲痛中走出来。

当我们提起这件事情的时候，她一边抹着眼泪，一边说："这都怪俺啊……其实，当时女儿的学费已凑齐了……他想再为女儿添一个好一点的行李箱……都怪俺当时没能阻止他……"

她终于忍不住哭出声来，我和朋友们的眼睛也都湿润了。我想，在他们女儿的眼里，她的丈夫一定是一位可爱可敬的父亲。

临走时，一个朋友发现在院子一角，堆着十多个干瘪的蜂巢，就像被收了籽的向日葵盘一样。他低声跟我们几个商量，建议买下那些蜂巢，作为对她捐助的理由。于是，我们每人掏出了100元钱，递给了她。

她诧异地看着我们，不知所措。

我们就撒了一个谎，告诉她，这些蜂巢是代另外一个朋友收购的。这个时候，她才有些迟疑地接过钱去。

我们几个人在下山的时候，都变得有些沉默。我隐隐地感觉到，手中的那个蜂巢变得越来越沉重，上面好像浸满了泪水……

83. 那一种深入骨髓的爱

从记事起，母亲就告诉过他：男儿膝下有黄金，做人就得堂堂正正，不能跪着求食！

那时候，他还不完全理解。不过，在他的眼里，母亲就是那种敢说敢做，扁担压折腰，也不说苦的人。在他9岁的时候，他的父亲遭了飞石，瘫痪在床。母亲既要照料瘫痪在床的父亲，又要照看他们姐弟俩和田里的庄稼。每天，母亲忙得像陀螺一样，转个不

> **滴水藏海**
>
> 父母的爱是质朴和内敛的，如溪水般温润、平静。而在一些粗心的孩子眼里，往往不易察觉，甚至被漠视。但是，父母的爱却永远留在你的身边。

停。可是母亲从来不怨命，在别人面前也从没有掉过一滴眼泪。

他的性情顽皮，一点都不像姐姐那样令人省心。因此，他经常挨母亲的数落和体罚。母亲在体罚他的时候，好像一点都不计后果，不管她手中攥着笤帚还是木棒，都会狠狠地落在他的身上。

不管多疼，他从来不在母亲面前掉一滴眼泪。体罚过他之后，母亲经常会叹息一声，喃喃自语道："你就这个驴脾气像俺……"

他非常羡慕伙伴们有一个温善可亲的母亲，而自己的母亲永远都是那么古板和严厉。有时候，他甚至怀疑她不是自己的亲生母亲。当他有了这个念头之后，竟好多次跑到邻居家，试探着问那些长辈。

他们听了之后，会哈哈大笑起来，然后拍一拍他的脑瓜，像是故意逗他似的说："你是你妈从后山捡回来的……"

上了中学之后，他的脾气越来越孤僻，更不愿意受人管束。他不喜

> 现在，你无论多么年长，只要有父母健在，在父母的眼里，你仍是一个孩子。不管你走到哪儿，父母的心会一如既往地牵挂着你。即使身在天涯海角，也走不出父母的视线。

欢母亲,所以他选择了住校。即使星期天的时候,他也不愿意回家。他感觉自己就像是一个没有家没有爱的孩子,很孤独很可怜!

后来,他跟一些同学一起泡网吧聊天玩游戏。渐渐地,他竟沉湎于网络游戏而不能自拔。他的学习成绩下滑很快,多次受到老师的警告。

他开始厌恶上学,经常泡在网吧里通宵玩游戏。身上的钱花光了,他就会回家一趟,对母亲编造各种谎言骗钱。母亲一直相信他,因而每次谎言他都能轻易得逞。

那次,他竟连续两天泡在网吧里玩游戏,学校便把这件事情通知了他的母亲。听到这个消息之后,母亲脸色煞白,怔怔地站了半天。

第三天,他身上的钱又花光了,便回家来要。

母亲强忍着怒火问:"你回来干啥?"

他嗫嚅道:"我们学校……要订辅导资料……我回来——"

他的话还没有说完,母亲便爆发

> 父母的心,永远都是一幢为你伫立的房子,为你遮挡风雨,为你注入热情和生活的勇气。

了,大声斥责道:"你每天都在学校做些什么?!旷课逃学!你还有脸回来见我!……"

他还想狡辩,却被母亲狠狠搧了两个耳光。母亲余怒未消:"你再这样下去,就别回家见我!"

他扭头跑出家门,没有丝毫的留恋。他没有回学校,而是选择了外出流浪。

一年后,他已经流浪到了离家几千里远的一个城市。就在这座城市流浪的时候,他意外地遭遇了车祸,而肇事司机竟然趁着夜色逃离了现场。

> 从现在起,让我们一起用心去回报自己的父母吧!

一些好心的市民发现之后,合力将他送进医院抢救。当时的情形很危险,如果再迟到几分钟,他的心跳就会因为失血过多而停止。

当地的新闻媒体报道了一个流浪儿遭遇车祸的消息后,引起许多好心市民的关心。人们纷纷为他捐款,还有不少市民买来礼物到医院探望他。

经过医护人员的耐心询问,他终于将家庭住址告诉了他们。医护人员通过电话,辗转联系到了他的母亲,并把他的情况告诉了他的母亲。

3天之后,他的母亲和姐姐风尘仆仆地赶来了。姐姐急切地推开病房的门,先母亲一步抱住了病床上的弟弟,两人泣不成声。他抬头看到了母亲,一年之间,母亲的头发几乎全白了。

母亲在竭力地抑制着自己的感情。她颤抖着身子,看着围在他们身边的那些前来探望的好心市民,还有医护人员和媒体记者。她嘴唇颤抖起来,什么话也说不出来。

蓦然,母亲"扑通"一下跪倒在地上,她朝现场所有的好心人郑重地磕了一个响头。在母亲跪下的那一刹那,他失声痛哭起来,大声喊着:"妈妈,原谅我吧!……"

他陡然发现,母亲对他的爱,早已深入骨髓!

84. 有一种爱叫神圣

有一支科考队，走进西藏进行自然科学考察。他们乘坐的车子，缓慢地行驶在高原的路上。

这时候，那些科考队员忽然发现一只藏羚羊从对面的草坡上跑下来。一直奔至狭窄的路中央，"扑通"一声跪了下来。

司机赶紧踩了刹车，才避免了一场悲剧的发生。于是，司机和其中一位科考队员走下车来，准备将它赶走。

令人奇怪的是，任凭他俩怎么吆喝，那只老羚羊仍纹丝不动地跪在车前，并用一种哀求的眼神望着他俩。车里的其他人也都感到奇怪，纷纷走下车来。

此时，有两行浊泪从它的眼里涌出来。之后，它才缓缓地站起身来。那位年长的科考队长对众人说："这只

> **滴水藏海**
>
> 卑微的老羚羊，用它那神圣的一跪，为我们上了人生最好的一课。它给我们带来的不仅仅是一种心灵的震撼，还有一种对母爱的诠释。

老羚羊，一定有求于我们。"

人们在好奇心的驱使下，跟随着老羚羊朝附近那个草坡上走去。待翻过草坡之后，在他们的眼前出现了这样一幕：在一个土坑附近，躺着一只气息奄奄的小藏羚羊。它的一条后腿，仍在向外渗着血水，估计是被偷猎者的子弹打伤的。

众人才恍然明白老羚羊刚才冒死拦车的原因，对它肃然起敬。有人从车厢里拿出矿泉水，倒出来给受伤的小羚羊喝。

老队长则从随行携带的药箱里，找出一些止血和消炎药碾碎后，敷在小羚羊的伤口上。然后，他又用纱布，小心翼翼地给它裹好。

最后，他们还是担心小羚羊因为不能行走，饥渴致死。经过一番商量，他们决定将受伤的小羚羊抱到车上，等到伤愈后再放归自然。老羚羊静静地注视着科考队员们，将小羚羊抱上汽车。汽车发动起来，缓缓地离去。

一个月之后，科考队员已完成了任务，小羚羊的伤口也基本痊愈了。

在这个世界上，正是因为拥有了母爱这种最无私的感情，空气才会那么清新，阳光才会那么温暖。在母爱的感召之下，才会产生那么多美好的事物，才会有那么多刻骨铭心的温情在生活中默默地流淌。

在返回的途中，他们特意留心着那个草坡。

等到他们把那只伤愈的小羚羊放到地上时，随着那只小羚羊欢快的叫声，那只老羚羊从草坡背后跑了出来。

而科考队员们也都注意到了，那只老羚羊比先前消瘦了很多。见此情景，众人的眼睛都模糊了。

老队长转过脸去，悄悄地摸了一把，湿漉漉的，原来是泪……

85. 母爱是世上最美的礼物

再有不到半年的时间，他也将毕业。可是刚才，他还接到一位学友的电话，对方已经辗转了将近多半年的时间，仍没有找到一份固定的工作。他想到至今仍在另一座城市打工的父母，禁不住为自己的未来而感到忧虑。

这时候，他的手机铃声响了起来，是那首老掉牙的《世上只有妈妈好》。他看了一下显示屏上的号码，是

滴水藏海

亲情的无私，不求回报。那种血浓于水的深情，会让我们感动到老。父母给予儿女的爱，总是那样得真挚和无私，不掺杂任何的虚假。

> 在父母的眼中和心里，看到的、牵挂的永远都是自己的儿女。他们无论做什么事情，都是以自己的儿女为重，即使自己再苦再累，也毫无怨言。

> 他们最大的心愿，就是希望自己的儿女过得比自己好。如果那样，就是他们最大的幸福和安慰。

母亲打来的，便轻轻地按了一下关闭键。这是母亲事先跟他约定好的，每隔一天，母亲就会给他拨一遍手机。若没有什么重要的事情，他只需回拨一下母亲的手机号码，相互报一下平安即可。

其实，即便是接通电话，他也需要仔细分辨，才能从刺耳的杂音里面听到母亲的声音。那部手机，是母亲花50元钱从二手市场上购买的旧手机。这一次，他还未来得及回拨，手机铃声又执拗地响了起来，仍是母亲的。

他知道母亲有什么话要说，便按下了接听键，从杂音里面传来母亲开心的笑声："你知道吗，俺上报纸了！这两天，让你爸爸把登有俺相片的报纸给你寄过去一张。"随后，又是母亲的笑声，在杂音里面还掺杂着"叮当、叮当"的声音。母亲没有过多地解释，便挂了电话。他感到很奇怪，但从母亲那爽朗的笑声可以感觉出，这至少不是一件坏事。

一周之后，他收到了母亲寄来的信。信封上的字是父亲写的，母亲除了自己的名字，认识不了几个字。他打开看,里面是一张晚报的新闻版,他的母亲就在那座城市里打工。

果然,他在报纸上发现了母亲熟悉的面孔。母亲蹲在一堆像小山似的建筑垃圾上,头戴黄围巾,一只手拿着瓦刀,一只手拿着一块沾满水泥的砖块。镜头是母亲的侧影,但他仍能够清晰地看到母亲脸上的微笑和眼角的皱纹。在母亲的身旁,还有好多像她一样劳作的妇女。

他将那则新闻反复读了几遍,并没有发现母亲的名字。但他却知道了,母亲还有一个奇怪的名字——都市"砍砖人"。这时候,他才知道母亲在那座城市所从事的工作,就是将那些拆迁工地上遗留下来的旧砖块上的水泥清理掉,然后卖掉换钱……

那是一个寒冷的周日,外面飘着细碎的雪花。他和两个同学乘公交车外出。在途中,他透过玻璃车窗,发现了熟悉的一幕:路旁有一个刚刚拆迁的工地,一群裹着头巾的妇女正在那一堆堆建筑垃圾上忙碌着。他迫不及待地起身,要求下车。那两位同学,

> 而你呢?

> 你是否经常给远方的父母去一个电话,你是否注意到了父母日渐衰老的面容,你是否经常替父母分担一点家务,你是否经常抽时间陪父母唠一唠嗑……

也备感诧异地随他一起下了车。他径直朝那一片拆迁的工地走去,老远便听到了"叮当、叮当"的声音。

他走到一位中年妇女跟前,她抬头朝他笑了笑,冻得红肿的面孔上布满了水泥和砖末的尘屑。然后,继续埋头干活。她用手中的瓦刀,清理着砖块上凝固的水泥。她手上戴着薄薄的线手套,早已经磨破了,几个露在外面的手指已经变成了紫红色。

他蹲下身去,细声问道:"大姨,你们这是在干什么呢?"

中年妇女笑了笑说:"砍砖呗。"

而接下来的问话,对于他内心的疑问来说,显然已经是多余的了。他这样问道:"这工作苦吗?"

那位中年妇女仍笑着说:"你看看,哪能不苦呢?"

他愣愣地蹲在那儿,对身边那两位同学的催促好像根本没有听到。

他拨通了母亲的手机,从杂音里面,他首先听到的是"叮当、叮当"的声音。

他焦急地问道:"妈,你在做什

如果你疏忽了这些细节,就从现在开始弥补吧!让我们用实际行动来孝敬伟大的父母!

么呢?"

母亲轻松地说:"俺在砍砖。"

他接着问:"你冷吗?"

母亲好像是笑着说的:"暖和着哩。"

他继续追问道:"妈,你这活儿累吗?"

母亲在电话里笑出声来,而后嗔怪道:"你今天是咋了?砍砖这活儿轻快着哩。这不,俺清早起床已经砍了200多块了,每块能卖6分钱呢!没啥事,别浪费话费了。"

母亲说着,便挂断了电话。他怔怔地看着手里的手机,"叮当、叮当"的声音仍在叩击着他的心灵,使他的整个身体一点点变得空虚起来。

母亲那瘦弱的身躯,仿佛就站在他的眼前。他顿时回想起暑假里,跟随母亲在田间劳作时的情景;他也回想起母亲顶着烈日,骑着脚踏车往返数十里路,到镇中学为他送蚊帐时的情景……

曾经与母亲一起生活的每一个细节,像胶片一样闪回到他的眼前。继而,他再也抑制不住自己的情感,竟"呜呜"地哭了起来。那两个同学都迷惑地看着他,不知道在这瞬间究竟发生了什么事情。

86. 母亲的泪,慈爱的心

晌午的日头,炙烤得人们透不过气来。工地上的民工们,有的躺在工棚里歇晌,有的聚在阴凉处唠嗑。这时候,一个眼尖的民工,忽然发现前方的塔吊上,有一个女人在吃力地向上攀爬。他吃惊地叫道:"你们快看,有一个女人在攀塔吊!"

那些民工们,一窝蜂地朝塔吊的方向涌去。他们大都赤着脊梁,黝黑的肌肤上泛着亮晶晶的汗渍。

她攀上的高度,距离地面已有十余米高。因为力不从心,或是因为恐惧,她有几次试探着继续向上攀爬,结果都放弃了。她只能用双手死死抓住塔吊的铁梁。民工们大都认出她来,

> **滴水藏海**
>
> 母亲对儿女的爱,永远根植在她心灵的深处,并随着岁月疯长。在劳碌的生活中,她的心即使被重担挤压得伤痕累累、精疲力竭,但在儿女需要的时候,她仍会义无反顾地伸出温暖的双手。

她是民工张德林的妻子,是这个建筑工地上为数不多的女民工之一。

在一个月前,他们夫妻俩还是这个工地上的拌灰工。因为老板拖欠他们将近半年的工资,夫妻俩多次去找老板催要工资。结果,老板只给他俩打了一张白条,而后又借故将他俩辞退了。

夫妻俩搬出工地之后,便在附近租住了一间平房。他俩每天到工地上找老板讨要工资。后来,老板吩咐几名门卫,禁止他俩再进入工地。而这一次,她是趁那几名门卫不注意,偷偷攀墙进入工地的。

此时,她稍有不慎,就会从上面掉下来,摔个粉身碎骨。一名年长的民工吩咐人赶紧去找老板,还有她的丈夫。其中的一个民工还拨打了110报警电话。

20分钟之后,老板才赶到现场。刚开始,工地老板还在下面骂骂咧咧的。后来,他见有民警赶到现场,而且她的情绪异常激动,有几次差点失手掉下来。他也担心把事情闹大,便朝身边的那些民工吼道:"你们快去把这个疯女人的丈

> 也许我们的母亲长得并不漂亮,也许我们的母亲没有一个体面的职业,甚至认识不了几个字。但是,母亲给我们的爱,却是世间最无私最热诚最美丽的。

> 母亲为了孩子和家庭,任劳任怨,倾注了全部的心血。她在年老之后,甚至是百病缠身。现在,我们无论怎样报答,也给不了母亲同等的爱。不过,只要我们尽力去给予,哪怕一点点,在母亲看来也都会像大海一样浩瀚。

夫找来！"

一个气喘未定的民工赶来说："他的男人现在喝得像一块泥巴，怎么也喊不醒。"

老板听了之后，显得束手无策。

在两位民警的耐心劝说下，工地老板也答应尽快支付他俩的工资，她的情绪才逐渐平稳下来。可是，她已经没有力气从塔吊上退下来。两名塔吊工麻利地攀上去，为她系上了保险带，而后小心翼翼地将她搀扶下来。

塔吊下面的人们，这才长吁了一口气。她的脸色蜡黄，汗水已经将她全身的衣裤给湿透了，好像刚从水里捞出来似的。

一位民警严厉地批评她说："你知不知道刚才的后果，这是一种对生命极不负责任的行为，你的家人难道没有阻止你？"

她仍惊魂未定地说："丈夫认为太危险，死活不同意俺这样做。今天晌午，俺用剩下的几块钱给他买了一瓶白酒。他喝成泥巴，也就不会阻拦俺了。"

另一位民警，显然对她拒不认错

在百忙之余，你应该抽出一点时间来，多帮母亲做一点家务，或者陪母亲聊聊天。如果你无法在母亲身边尽孝，那你至少要告诉她你的眷恋和牵挂。哪怕只是多打一次电话，母亲都会心满意足。

的态度感到不满,继续批评说:"如果你连生命都不要了,讨得工资又有何用呢?"

她却毫无悔意地说:"俺的儿子今年考上了大学,再过半个月就要开学了。如果俺凑不齐学费,儿子只能放弃上大学的机会。现在,俺就是用自己的生命去换,也不能让儿子丢掉前程。"

此时,那两位民警都沉默了。一些民工在旁边叹息着,另一些民工则摇了摇头,拭着眼角走开了……

> 母亲对我们的要求,只有那么一点点。然而,她为我们付出的却是一个广阔的海洋。

87. 别让你心中的爱打折

3年前,朋友去了北京的一家公司发展。他的家庭条件非常不好,甚至他在读大学时最后两年的学费,都是他的父母从亲戚那儿借来的。

因此,他就像自己的父母一样,平时的生活十分节俭。即使后来他因为工作出色,被提拔成一个部门的主管,每月有了数千元的固定薪水之后,

滴水藏海

> 在这个世上,父母的心才是最无私的。他们将全部的心血,都倾注在儿女们的身上。望着父母日渐苍老的面容,你是否认为孝敬父母的机会以后还有很多很多呢?

他的生活仍然跟从前一样节俭。

每到发薪水的时候,他除了留下一部分生活费,剩下的全部汇寄给老家的父母。一年当中,他只是在春节的时候,才返回老家一趟。因而,我们也难得跟他见上一面。偶尔,我们会通过电话联系一下。

他所在的那家公司比较正规,一年当中其实有不少固定的假期。有一次,我在电话里问他:"你为什么不经常趁假期回来探望一下父母呢?"

朋友便告诉我,其实他也非常渴望趁假期的时候,回家探望一下父母和朋友。然而,每一次回家,他那一向节俭的父母在高兴之余,都会为他一路的花销而心疼不已。

于是,他只能通过工作来压抑自己思念的心。在节假日的时候,他会通过电话,及时给远方的父母送上节日的问候。

然而,在这半年多的时间里,他回来的次数却明显频繁了。我们猜测不出,他是因为收入的原因,还是他的父母转变了态度。

尤其是那些常年在异乡奔波的人们,在生活的压力中,甚至不经意地疏忽了那份亲情。其实,即使你每年回家见上父母几次面,而在父母有生之年,你跟父母见面的次数又能有几次呢?你静心地算过吗?

那次，我们一起聚会的时候，把这个疑问告诉了他。

他笑着回答说："是呀，这是我自己改变了想法。现在我已经明白了一个道理，我们可以给自己的生活打折，但不能给心中的爱打折。"

随后，他对我们讲了这样一件事情：

原来，在国庆假期的时候，他的那些同事们大都回了老家，只有他仍留在北京。他们的经理发现之后，奇怪地问他："你为什么不趁假期，回老家探望一下父母呢？"

他就将真相告诉了经理，他决定不回去，是因为不想让节俭的父母为他一路的开销而心疼。他已经给父母打了电话。另外，他准备将节省下来的路费寄给父母，让他们自己选择购买礼物。

经理听了，摇了摇头说："你认为父母收到你节省下的路费之后，他们能舍得花吗？我认为，你不但应该回去，而且还应该为父母带几件礼物。节俭是一件好事，但你不能给心中的

> 送给父母的爱要趁早，千万不要让爱在你的心中打折！

爱打折。"

继而,经理神情愧疚地对我的那位朋友讲述了他的一段经历:10年前,他刚到北京创业的时候,最大的心愿就是干出一番事业来,能够将父母接到北京来居住。

有一段时间,因为工作繁忙,他连续一年多没有回老家探望一下父母。在想家的时候,他只能通过电话排解一下思念的心情。

在他父亲病重的时候,也是他的公司最困难的时候。因此,他一直无法脱身回老家探望病重的父亲。不久,当他接到父亲病危的电话,急匆匆赶回老家的时候,父亲已经过世了。姐姐哭着告诉他,父亲在临终前,一直在念叨着他的名字。

经理说到这儿,声音不由自主地哽咽了。而此时,他的眼圈也红了。

那次回老家,他第一次为父母各购买了两件精品衣服。他发现母亲在试穿新衣服的时候,虽然嘴里在数落着他,但是笑弯了的眼里却溢动着泪花……

88. 山楂果儿里的母爱

校园的西北角,有一小片山楂林。那是在多年以前,由一些毕业生栽种的。

到了秋天,那些山楂树上,就挂满了绿色的"弹珠"。渐渐地,那些绿色的小果儿,开始泛出红晕,像女孩羞涩的面孔,躲在叶丛中,注视着那些青春朝气的身影。

有些淘气的同学,在山楂果儿还未熟透的时候,便会偷偷采摘一把,然后带到教室里,像儿时弹琉璃球一样弹着玩。即使那些喜欢吃零食的女生,也不屑将它们塞入口中。因为她们的口袋里,从来就不缺口香糖、话梅果儿。偶尔,她们只是相互恶作剧地将那些酸得发涩的山楂果儿咬碎,而后将它们吐掉。

他的性格有些孤僻,总是喜欢独

滴水藏海

母亲的爱,是深红色的,就像一片深红色的大海。爱得那么深,那么真挚。在人生的道路上,你无论经历辉煌还是失败、失意还是得意。每时每刻,你都会感觉到有一股滚烫的爱,在温暖着你的心灵。

自到那片山楂林旁,静静地思考,或者阅读。每次,见到滚落在教室墙角的山楂果儿,他就会弯腰拾起,并将它们保存起来。

尽管学校总务处的负责人,早已在山楂林旁竖上了"切勿采摘!"的牌子,但那些喜欢恶作剧的学生,仍会趁着晚自习的时候,悄悄下楼去采摘。

那天,他们的班主任带着一份通知书走进教室,她是一位身材胖胖,面容温善的中年教师。通知书的内容,是安排他们班在下午的时候,将那一片山楂林砍掉。

他听了之后,蓦地站了起来,不解地问:"张老师,为什么要砍掉那些山楂树呢?"

他莽撞的举动,令同学们感到有些惊讶。而张老师并没有生气,她只是温和地一笑,解释道:"因为经常有一些不自觉的同学,去采摘山楂果儿,并扔得到处都是,校领导对此很恼火。"

下午,同学们争先恐后地涌向那一小片山楂林,唯有他待在教室里。

在这个世界上,正是因为有了母爱,人类才从洪荒苍凉走向文明繁盛;有了母爱,社会才从冷漠严峻走向祥和安康;有了母爱,人们才从愁绪走向高歌,从顽愚走向睿智!

有些同学发现他的眼里竟闪动着泪花……

从此,那片山楂林从校园里消失了。他变得愈加沉默了。时而,同学会发现他失魂落魄地站在那个空荡荡的角落,在思考着什么。

年终的联欢会,眼看就要举行了。为了将联欢会办得隆重一些,几名班干部经过磋商,决定将班费全部用来装饰教室,而食品和饮料等,则由同学们自备。

联欢会那天,各式各样的水果、饮料和小食品摆满了桌子。他带来的礼品,竟是一兜大煞风景的山楂果儿。

几个舍友都清楚那些山楂果儿的来历,那是他在同学们砍完山楂树之后,独自到现场,一个一个从地上捡起来的。然后,他将那些山楂果儿洗干净,放在更衣橱里"捂红"的。

没有一位同学,愿意去拿一颗酸酸的山楂果儿吃,尽管它们已经红得那么诱人。同学们竞相登台表演节目,待到他上台的时候,他说他要为同学们讲一个故事:

多年以前,有一个家境贫寒的小男孩,他们一家只靠山上的那片山楂林子维持生计。每天,他的父母都要上山修饰那片山楂林子,期待着秋天果儿红透时,能够有个好收成。

果儿熟后,他的父母就会将采摘的山楂果儿挑到几十里的山外卖掉,再用所得的钱维持生活和孩子的学费。然而几年后,山楂果儿的身价陡然跌落了,很少有人喜欢吃山楂。在山楂红了的时候,小男孩再也见不到父母那挂满汗珠的笑脸。

天蒙蒙亮的时候,父亲便挑着一担山楂果儿到山外去。当天黑父亲赶回来时,筐子里的山楂果儿常常是原封不动。

父亲经常蹲在那一片山楂林旁,一袋接一袋地抽着旱烟。终于有一天,父亲狠了狠心说:"咱们把那山楂树砍了吧!"

母亲听了,苦苦地哀求道:"咱不能犯傻啊!山楂林可是娃儿的学费。俺想过了,咱可以把山楂果儿做成糖葫芦卖,或许还能多卖几个钱哩。"

于是，母亲学会了做糖葫芦。晚上，她忙着做糖葫芦。白天，她跟丈夫一起，扛着插满糖葫芦的草靶，步行几十里到小镇上卖。

就这样，那些山楂果儿养活了他们一家，也把那个男孩送入了大学。然而，在去年冬季一个风雪交加的日子，扛着草靶的母亲被一辆失控的汽车撞倒了，再也没有醒来……

讲到这里的时候，他忍不住哭了。继而，他拿起一颗山楂果儿，塞入嘴里咀嚼起来，说："你们也许不知道，她就是我的母亲——"

此时，张老师站了起来，她也拿起一颗红山楂吃了起来，眼里噙着泪花说："这红红的山楂果儿，就是父母的心啊！来，让我们重新体味一下父母的心吧！"

转眼之间，那一兜红红的山楂果儿，被同学们抢光了。

最后一个节目是张老师的，她什么话也没有说，只是转身在黑板上写下一行大字："我是你们的老师，也喜欢你们叫我一声妈妈！"

89. 父爱的广阔天空

滴水藏海

除了两鬓斑白的发丝,和日渐佝偻的腰身,父亲已经把一切都交给了日子。在那些浸满酸甜苦咸的日子里,父亲把所有心血都倾注在家庭和子女身上,岁月无情地夺走了他年轻时的容颜和健壮的体魄。

她从一懂事的时候起,就见父亲拄着双拐走路,那两根拐杖被父亲的胳膊磨得油亮。后来,她听母亲说,在她3岁那年,她的父亲在附近一家石场采石,不慎被一块飞石砸伤了腿,从此只能依靠双拐走路。

父亲性情沉默,在他长满络腮胡的脸上,很少见到笑容。他经常一个人坐在院子里或胡同里,抽着闷烟。因为腿上的残疾,父亲从来没有抱过她。她也从来没有像别的孩子那样,扑到父亲的怀里撒娇。

在她入学的时候,别的同学都是由家长带着去报到。当时,因为母亲要到镇里去卖自家种植的蔬菜,便准备让父亲带她去报到。而她竟哭闹着,执意不肯让父亲带她去。因为,她不想让同学们第一天就知道,她有一个瘸子父亲。于是,母亲只好放弃了去镇子里卖菜的打算,亲自带她去学校报到。

每到下雨的时候,其他同学的父母都会带着雨伞,到学校门口接孩子回家。然而,她最担心在学校门口见到父亲的身影。因为在学校门口不远处,有一条小水沟。每到下雨的时候,小水沟两边的斜坡就会非常湿滑。

在随父亲往家走的时候,她反而要费很大力气帮助父亲翻过那两个斜坡。因而,他们父女俩经常惹来一些异样的目光。后来,她便阻止父亲到学校接她。

父亲也意识到了,再以后下雨的时候,父亲就站在小水沟的对岸等她。父亲把手中的雨伞交给她之后,就会催促她独自先走。而他则跟在身后,慢慢地挪回家去。

那个下午,外面下起了雨。因为全校老师召开会议,学生们提前放学了。她就跟着一名带伞的同学,一起去了那名同学家写作业。当她回到家里的时候,天已经擦黑。母亲也刚从

> 父爱,不像母爱那样火辣辣的,更不像母爱那样用温暖的言语或亲切的举动来表示,甚至有时候教育子女的方式还有些粗暴。这就是无言的父爱。

外面卖菜回来,湿透的衣服还没来得及换。

这个时候,她才忽然想起来,父亲一定还在她放学的路上等她。她和母亲急匆匆地朝学校的方向跑去。在那条小水沟的近前,她发现了坐在对岸泥浆里的父亲。父亲的神情颓丧,手里只剩下了一根拐杖。

原来,父亲在等了很长时间后,仍不见她的身影,开始有些担心。于是,他就吃力地走下那条小水沟,结果不慎滑倒,一条拐杖被水冲走了。他只抓住了一条拐杖,而后费力地爬上对岸的斜坡,无奈地等待援助。

当父亲看见她俩的时候,嘴唇哆嗦了几下,然后声嘶力竭地喊了几声:"俺是个废物啊!——"继而,大颗大颗的泪珠,从父亲的眼睛里涌出来。

以前,她从来没有见到父亲落过眼泪。在那一瞬间,她忽然发现自己欠父亲的东西太多太多。她第一次扑到父亲的怀里,失声哭了起来。

后来,她升入镇子里的那所中学。因为离家有30多里路,她只能选择在

> 也许,父亲不好意思直接表达他对你的爱,男人就是这样。无论父亲用哪一种方式爱你,请理解他、珍惜他、尊重他。

学校住宿。父亲闲暇的时候，就会搭乘母亲的三轮车到学校看她。

父亲总是选择在他们课间操的时候来，他拄着双拐，站在学校操场的花墙外边，透过铁栅栏的缝隙，远远地看着女儿舒展的身影。在广播操快要结束的时候，父亲就会拄着双拐，缓缓地离开……

再后来，她考入一所全国非常有名的大学。那是一个不眠之夜，因为明天她就要离开父母，到几千公里外的一个陌生城市里开始新的生活了。父亲执意要随母亲一起送她到学校。可是，她和母亲担心长途颠簸，父亲的身体会吃不消。

她知道，父亲一夜都没有合眼。因为，她多次听到父亲起身，拄着拐在房间里踱步，"笃、笃……"拐杖叩击地面的声音，一次又一次撞击着她的心灵，泪水夺眶而出。

第二天，父亲还是坚持了先前的决定，陪她们一起乘上了那列开往遥远城市的火车。经过数十个小时的颠簸，他们一起走进了女儿考入的那所

> 父爱是你的脊梁，也是你的双足。他给你带来力量和勇气，使你不再惧怕人生挫折和磨难，使你信心百倍地步入明天。

大学。

负责接待的老师惊讶地问她:"这位是谁呢?"

她自豪地说:"他是我的父亲,是陪我一起来报到的。"

那位老师继续问道:"哦,你们距离这儿一定很近吧?"

父亲微笑着说:"是啊,以后就很近了。"

她却纠正说:"我们家距离学校有几千公里呢。"

那位老师和身边那些学生的家长,都用惊讶而钦佩的目光看着他。

在她送父母去车站的路上,父亲的脸上始终挂着微笑。尽管父亲只能依靠拐杖走路,但在她的眼里,父亲的身躯却是那样高大。正是父亲那高大的身躯,为她撑起一片广阔的天空。

在这座遥远的异乡城市,因为有父亲的脚步走过,有父亲的微笑留下,使她对这座城市,不再有一丝陌生和恐惧的感觉……

……结束……

中央编译出版社部分新书推荐

思维修丛书

将您带入禅意人生

修身养性　滋润灵魂

现代社会节奏紧张。职场白领在追求成功富足的同时，拥有一颗禅心——既能冷静地观察世界，又能强有力地行动乃是一种至高境界。中央编译出版社精心打造的《思维修丛书》并非阐述宗教或禅学，而是一批国内外文化名家以行云流水般的文笔表达职场禅意的开悟丛书，以引领职场白领真正进入"宠辱不惊，看庭前花开花落；去留无意，望天空云卷云舒"的意境。该套丛书突出的特点是：用经典的故事、洗练的文字、充满智慧的言语形象完美地表达职场之禅，从而达到滋润读者灵魂、重塑自我形象之目的！主要书目有《白领禅》《瑜伽梦》《禅缘心路》《禅意人生》《养心斋》《夜行的鸟》《中国式心灵智慧》《色彩正能量》《看透人生悟透爱》《人可能进化的心理学》等。非常适合职场白领、知性人群阅读！

书名：《白领禅》
作者：〔加〕史蒂文·海涅
翻译：丘丽君
定价：48.00元

解读内心切身感知
实现禅道最高使命
看山是山，看山不是山，看山还是山。本书为你找出生活压力的根源，讲述禅的力量，阐述禅与领导力。教你怎样化冲突为机遇，既见森林，更见树木……

书名：《读懂人生悟透爱》
作者：矫友田
定价：68.00元

这是一本身心修行的畅销书
这是一本能让读者读懂人生、悟透爱的书
《读者》《格言》签约作家、畅销书作家矫友田倾情奉献的最新力作

书名：《瑜伽梦》
作者：张怀明
定价：48.00元

一本帮助人们通过修习瑜伽、追求身心健康、调息冥想、归于本我的心灵读本
作者通过多年潜心的修习、研究瑜伽,总结出人类"青春秘密"——十式瑜伽,它包含了体位、呼吸、冥想、饮食等在内的一个完整体系。

书名：《人可能进化的心理学》
作者：[俄]邬斯宾斯基
翻译：郭静 孙霖
定价：32.00元

尽管我们只有一个身体,但是基于时代、地域和文化背景的差异,每个体系所用的专门语言即进行自我观察时独有的标识系统和自我发展的路线图都是不同的。

书名：《夜行的鸟》
作者：[印]斯瓦米·吠陀
定价：48.00元

夜行的鸟可以看透黑夜——对于在夜晚寻找灵性的人来说,灵性的特点正是这样。
即使身体已然疲乏,人还是可以唤醒自己的潜意识继续去追寻。本书作者在世界冥想传统界是以超出常人的渊博知识以及对这互相之间内在联系的熟谙而闻名于世。

决策者的战略手册
投资者的行动指南

书名：《中国超级经济》
作者：[加] 殷敬棠（JASON INCH）
定价：68.00 元

一位世界著名的青年经济学家通过二十年的实地深度调研，对中国经济、人文以及政府领导人发表了独特见解。中国是如何在从里到外的变革中成为下一个世界超级经济大国的？本书给您答案。

书名：《国富新论》
作者：翟玉忠
定价：42.00 元

这是一本投资者、经济领域工作者、从事中国经济理论研究的学者不可或缺的参考书。

书名：《谁在导演世界》
作者：[法] 边芹
定价：48.00 元

一个"精神亡国者"的哀伤
一个"独立"知识分子与伪善帝国
剖析导演世界的暗手，找出恶搞中国的黑手，解读帝国的神殿！

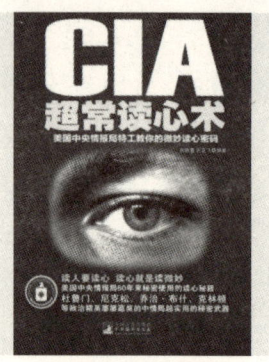

书名:《CIAH 超常谑心术》
作者:何跃青 刘亚飞
定价:28.00元

这是一本让人心变得不再复杂的书。
这是一本教你见微知著、察言观色、读心识人的书。
这是一本教你破译人思想密码的书。

书名:《CIA 超级攻心术》
作者:何跃青 蔡永贤
定价:28.00元

这是一本教你观察入微、灵活智取、攻心有术的书
这是一本教你破译他人心理密码的书
超级攻心,尽在其中。

书名:《CIA 超强阅人术》
作者:何跃青 刘秋炎
定价:28.00元

这是一本让你了解如何去阅读一个人的内心世界的书。
阅人不走眼,瞬间看透对方,让谎言无处藏身,这不再是天方夜谭!

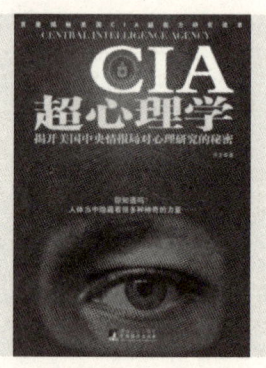

书名:《CIA 超心理学》
作者:何龙
定价:28.00元

让 CIA 特工告诉你,什么才是真正的内心强大。超能力并非只存在于科幻小说中,它就在你的心里,谁都可以成为"超人"!

书　名：《李嘉诚给你上的二十四堂幸福课》
作　者：胡以贵
定　价：29.00元

本书首次全面总结李嘉诚的幸福秘笈

资料翔实，李嘉诚史诗一般恢宏壮阔的人生全面呈现

深入浅出，通俗易懂，李嘉诚的幸福理念适用于每一个普通读者，是不可多得的励志作品。

书　名：《罗肇唐传》
作　者：哲夫 高强 等
定　价：68.00元

一位在香港被尊称为"九叔"的"隐形富豪"

一位见证过香港典当业、地产业起伏跌宕的亲历者

一位地产投资实践大师

他，香港地产大亨罗肇唐会用亲身经历教你如何以静制动，以小搏大！

书　名：《超脱考试做领袖》
作　者：陈济安
定　价：30.00元

郭传杰、冯恩洪、毕诚等著名教育家认为：《超脱考试做领袖》一书非常适合大中学生、教师、家长和有志青年阅读参考，称此书是一部不可多得的励志佳作。

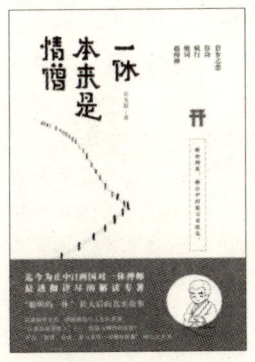

书名：《一休本来是情僧》
作者：吴光磊
定价：28.00元

本书是迄今为止中日两国对一休禅师最透彻详尽的解读专著。讲述聪明一休长大后鲜为人知的故事，是冷门史料，让读者大开眼界。

书名：《破解周易密码》
作者：邓文涛
定价：48.00元

历史上被人们称之为"群经之首，大道之源；世立三古，人更三圣"的《周易》这部奇书于公元2011年10月11日被破解。这是一部历史上有符号记载以来唯一把中华文明从始至今贯穿起来的奇书。是每一个中国人必读的书！

书名：《象数易学与应用》
作者：张延生
定价：128.00元

本书是中华周易协会会长兼学术委员会主任张延生教授的力作，主要介绍中华文化精髓中的"易学"文化。被易学界读者誉为"最受欢迎的图书"。

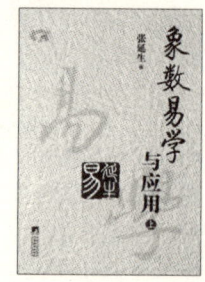

书名：《中国商道》
作者：翟玉忠
定价：48.00元

本书对于追求长生久富的商人来说是不可或缺的指导书

本书是企业管理者、企业培训师、中国商业文化研究者必备之书

书名：《破解进步论》
作者：河清　定价：48.00元

为什么中国人一百年来文化自卑？
中国文化为什么一百年来名不正言不顺？
为什么今日中国文化缺乏软实力？
作者呼吁国人坚持中国的文化精神或"文化个性"，为中国文化正名。

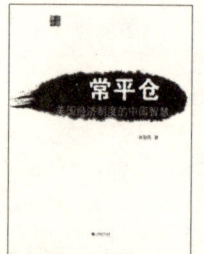

书名：《常平仓——美国经济制度的中国智慧》
作者：李超民
定价：39.00元

本书通过大量的文献资料，令人信服地证明了中国古代思想至今仍对世界经济稳定发挥着根本作用。

中央编译出版社部分新书推荐